AUTORI

Paolo Crippa (23 aprile 1978) coltiva sin dai tempi del Liceo la passione per la Storia italiana, soprattutto della Seconda Guerra Mondiale. Le sue ricerche si incentrano soprattutto nel campo della storia militare ed in particolare sulle unità corazzate a partire dagli anni '30 fino alla fine della Seconda Guerra Mondiale. Nel 2006 pubblica il suo primo volume, "I Reparti Corazzati della Repubblica Sociale Italiana 1943/1945", prima ricerca organica compiuta e pubblicata in Italia sull'argomento, a cui fanno seguito "Duecento Volti della R.S.I." (2007) e "Un anno con il 27° Reggimento Artiglieria Legnano" (2011). Ha all'attivo una quarantina di articoli per le riviste Milites, Historica Nuova, SGM – Seconda Guerra Mondiale, Batailes & Blindes, Mezzi Corazzati e Storia del Novecento, sia come autore, sia in collaborazione con altri ricercatori. Ha realizzato collaborazioni e consulenze per altri autori nella stesura di testi storico – uniformologici. Con Mattioli 1885 ha pubblicato "Italia 43 – 45 – I blindati di circostanza della Guerra Civile" (2014), "I mezzi corazzati della Guerra Civile 1943 -1945" (2015) e Italia 43 – 45 – I mezzi delle unità cobelligeranti (2018).

Paolo Crippa (23 April 1978) has cultivated his passion for Italian history since high school. His research interests are focused mainly in the field of military history and in particular on italian armored units from the 30s until the end of World War II. In 2006 he published his first volume, "I Reparti Corazzati della Repubblica Sociale Italiana 1943/1945", the first organic research carried out and published in Italy on the subject. In 2007 he published "Duecento Volti della R.S.I." and in 2011 " Un anno con il 27° Reggimento Artiglieria Legnano". He regularly contributes to several journals: Milites, New Historica, SGM - World War II, Batailes & Blindes, Armoured Vehicles and history of the twentieth century, Mezzi Corazzati, both as an author, or in collaboration with other researchers. He published with the editor Mattioli 1885 in 2014 "Italy 43 – 45 – Civil War improvised AFV's" (2014), "Italian AFV's of the Civil War 1943 - 1945" (2015) and "Italy 43 – 45 – AFV's and MV's of co-belligerent units" (2018).

Carlo Cucut è nato a Nole (TO) nel 1955. Ha coltivato la passione per la storia sin da ragazzo e negli anni ha approfondito questo interesse dedicandosi alla ricerca storica. Ha pubblicato articoli sulle riviste: "Storia del XX Secolo", "Storie & Battaglie", "Milites" e "Ritterkreuz". In campo editoriale ha pubblicato vari volumi per Marvia Edizioni: "Penne Nere sul confine orientale. Storia del Reggimento Alpini "Tagliamento" 1943-1945", vincitore del Premio De Cia; "Attilio Viziano. Ricordi di un corrispondente di guerra"; "Forze Armate della RSI sul fronte orientale"; "Forze Armate della RSI sul fronte occidentale"; "Forze Armate della RSI sulla linea Gotica"; "Alpini nella Città di Fiume 1944-1945". Per il Gruppo Modellistico Trentino ha pubblicato "Le forze armate della RSI 1943-1945. Forze di terra".

Carlo Cucut was born in Nole (TO) in 1955. He cultivated a passion for history as a boy and over the years has deepened this interest by dedicating himself to historical research. He published articles in the italian magazines: "Storia del XX Secolo", "Storie & Battaglie", "Milites" and "Ritterkreuz". He published various volumes for Marvia Edizioni: "Penne Nere on the eastern border. History of the Alpini's Regiment "Tagliamento" 1943-1945 ", winner of the "De Cia" Award; "Attilio Viziano. Memories of a war correspondent "; "Armed Forces of RSI on the eastern front"; "Armed Forces of RSI on the Western Front"; "Armed Forces of RSI on the Gothic Line"; "Alpini in the City of Rijeka 1944-1945". For the Trentino Modeling Group he published "The armed forces of RSI 1943-1945. Land forces ".

PUBLISHING'S NOTES

None of unpublished images or text of our book may be reproduced in any format without the expressed written permission of Luca Cristini Editore (already Soldiershop.com) when not indicate as marked with license creative commons 3.0 or 4.0. Luca Cristini Editore has made every reasonable effort to locate, contact and acknowledge rights holders and to correctly apply terms and conditions to Content.

Every effort has been made to trace the copyright of all the photographs. If there are unintentional omissions, please contact the publisher in writing at: info@soldiershop.com, who will correct all subsequent editions.

Our trademark: Luca Cristini Editore©, and the names of our series & brand: Soldiershop, Witness to war, Museum book, Bookmoon, Soldiers&Weapons, Battlefield, War in colour, Historical Biographies, Darwin's view, Fabula, Altrastoria, Italia Storica Ebook, Witness To History, Soldiers, Weapons & Uniforms, Storia etc. are herein © by Luca Cristini Editore.

LICENSES COMMONS

This book may utilize part of material marked with license creative commons 3.0 or 4.0 (CC BY 4.0), (CC BY-ND 4.0), (CC BY-SA 4.0) or (CC0 1.0). We give appropriate attribution credit and indicate if change were made in the acknowledgments field. Our WTW books series utilize only fonts licensed under the SIL Open Font License or other free use license.

For a complete list of Soldiershop titles please contact Luca Cristini Editore on our website: www.soldiershop.com or www.cristinieditore.com. E-mail: info@soldiershop.com

Titolo: **I BATTAGLIONI NEBBIOGENI DEL BALTICO 1942 - 1945**
Code.: **WTW-049** Di Paolo Crippa e Carlo Cucut
ISBN code: 9791255890225 prima edizione: Ottobre 2023
Lingua: Italiano, dimensione: 177,8x254mm Cover & Art Design: Luca S. Cristini

WITNESS TO WAR (SOLDIERSHOP) is a trademark of Luca Cristini Editore, via Orio, 35/4 - 24050 Zanica (BG) ITALY.

WITNESS TO WAR

I BATTAGLIONI NEBBIOGENI DEL BALTICO 1942 - 1945

PHOTOS & IMAGES FROM WORLD WARTIME ARCHIVES

PAOLO CRIPPA - CARLO CUCUT

BOOKS TO COLLECT

INDICE

L'annebbiamento come arma di difesa 5
I Battaglioni Nebbiogeni del Regio Esercito in Germania 7
Il centro di ricerca militare di Peenemünde 11
Reazione all'Armistizio 23
I Nebbiogeni durante la R.S.I. 25
Storia dei reparti 45
    Comando Truppe Nebbiogene 45
    Centro Addestramento Truppe Nebbiogene (Ausbildungstager)........... 45
    I Battaglione Nebbiogeno 46
    II Battaglione Nebbiogeno 49
    III Battaglione Nebbiogeno 51
    IV Battaglione Nebbiogeno 52
    V Battaglione Nebbiogeno 53
    Nucleo Servizio Ausiliario Femminile 53
    Organigramma secondo Giorgio Pisanò 54
Caduti 67
Uniformi dei Nebbiogeni 69
Il Servizio Chimico della R.S.I. 70
Testimonianze 71
Documenti 87
Bibliografia 97

L'ANNEBBIAMENTO COME ARMA DI DIFESA

La comparsa dell'arma aerea sui campi di battaglia impose agli Stati Maggiori di trovare con la massima urgenza le contromisure per affrontare in modo efficacie la nuova minaccia.

Durante la Prima Guerra Mondiale, le forze aeree furono impiegate essenzialmente con compiti di supremazia aerea e di osservazione, mentre le azioni di bombardamento, causa il poco carico utile trasportato dagli aerei o dai dirigibili, oltre alla scarsa precisione dei rudimentali strumenti di puntamento, vennero relegate ad azioni dimostrative o dal modesto peso bellico.

Fu nella Seconda Guerra Mondiale che invece, grazie ai notevoli progressi compiuti dai velivoli e dagli strumenti di puntamento, il bombardamento aereo divenne fondamentale nei vari teatri operativi, sia in campo tattico che strategico.

Porti, aeroporti, viadotti, ferrovie e centri di smistamento ferroviari, fabbriche e infrastrutture in genere, oltre naturalmente ai centri abitati, divennero gli obiettivi principali delle incursioni aeree.

La difesa contro la minaccia portata dagli aerei da bombardamento era, ed è sostanzialmente ancora oggi, essenzialmente di due tipi:

- attiva - con aerei inviati ad intercettare i bombardieri nemici e cannoni contraerei disposti a difesa del/degli obiettivo/i
- passiva – con strumenti idonei a mimetizzare e/o a nascondere l/gli obiettivo/i, proteggere il personale e la popolazione

La competenza delle difese sopra elencate era di pertinenza dell'Aviazione e dell'Artiglieria contraerea, per quanto riguarda la parte attiva, e dell'Arma del Genio per quella passiva.

Il Regio Esercito istituì il 1° luglio 1923, all'interno dell'Arma del Genio, il Servizio Chimico Militare e, a partire dal 1934, in ciascun Corpo d'Armata vennero inseriti una Compagnia Chimica ed un Plotone lanciafiamme. Nello stesso anno venne costituito anche un Reparto Chimico, trasformato nel 1936 in Reggimento Chimico e rimasto operativo fino al settembre del 1943.

Il Reggimento Chimico, di stanza a Roma, aveva il compito di addestrare e formare i battaglioni dediti sia alla guerra con il gas sia all'uso dei prodotti chimici utilizzati in battaglia, sviluppando attrezzature e mezzi idonei al loro impiego.

Tra i battaglioni specialistici costituiti e addestrati dal Reggimento Chimico vi erano i battaglioni nebbiogeni. Il compito dei reparti appartenenti ai battaglioni nebbiogeni, era quello di oscurare l'obiettivo alla vista degli equipaggi degli aerei nemici, inviati ad effettuare azioni di bombardamento, con la formazione di una nebbia artificiale.

La nebbia artificiale è il prodotto di una composizione chimica derivata dall'uso congiunto di sostanze nebbiogene. Per nebbiogene si intendono alcune sostanze che hanno la proprietà di condensare l'umidità dell'aria formando una vera e propria nebbia artificiale. Si tratta di un liquido fortemente corrosivo, costituito da una miscela di anidride solforica e di cloridrina solforica. L'anidride solforica, sciolta in cloridrina solforica, viene emessa nell'atmosfera dove, condensando l'umidità, forma una nebbia costituita da piccolissime gocce di acido solforico. La nebbia così prodotta, fortemente acida per la presenza di acido cloridrico e acido solforico, è altamente irritante specialmente nei pressi della sorgente di emissione.

Per ottenere un efficace oscuramento era comunque necessario considerare numerose variabili: le dimensioni dell'area da oscurare, la morfologia del territorio, il vento, l'umidità, la temperatura, l'ambiente topoaerologico, le stagioni, la direzione dell'attacco aereo. Tutte queste variabili dovevano essere valutate, in sede di pianificazione, per lo schieramento dei reparti nebbiogeni e le attrezzature da utilizzare, con lo scopo di massimizzare il risultato sul sito da proteggere.

I Reparti nebbiogeni vennero inizialmente schierati nelle immediate vicinanze degli obiettivi sensibili, estendendo successivamente la loro dislocazione in profondità, anche di chilometri, intorno all'area da proteggere, a causa dell'aumentata intensità e precisione dell'offensiva aerea.

Le apparecchiature utilizzate per produrre la nebbia artificiale erano sostanzialmente di tre tipologie:

- attrezzature nebbiogene per postazione a terra
- attrezzature nebbiogene installate su natanti come sorgenti mobili
- attrezzature nebbiogene a pompa elettrica per impieghi speciali

Tutte le attrezzature comprendevano: bombole d'aria compressa come serbatoi di pressione, riduttori di pressione per assicurare l'afflusso dell'aria nei recipienti, apparecchi di travaso per il riempimento dei recipienti di liquido nebbiogeno e delle bombole d'aria compressa, indumenti protettivi da usare durante il servizio.

I BATTAGLIONI NEBBIOGENI DEL REGIO ESERCITO IN GERMANIA

E'poco noto al pubblico che, nel 1942, lo Stato Maggiore germanico richiese l'invio sulla costa tedesca del Mar Baltico di due Battaglioni Chimici Nebbiogeni del Genio del Regio Esercito, per proteggere gli impianti industriali là dislocati. Fu l'unica occasione in cui i tedeschi richiesero esplicitamente il sostegno di specialisti alle Forze armate italiane, poiché ne riconoscevano l'efficienza e la superiorità, rispetto a reparti simili germanici.

Tra ottobre e dicembre di quell'anno, accogliendo la richiesta dell'OKW, lo S.M.E. decise l'invio di due Battaglioni Nebbiogeni in Germania e furono così trasferiti il II Battaglione ed il III Battaglione:

- II Battaglione Nebbiogeno – dislocazione: Gotenhafen[1], nel golfo di Danzica nel Mar Baltico, con distaccamenti a Memel[2] ed a Pillau – Comandate: maggiore Calafiore
- III Battaglione Nebbiogeno – dislocazione: a Wilhemshaven, nel mare del Nord, con distaccamenti ad Emden – comandante: maggiore Madau

Ciascun Battaglione era costituito da 3 o 4 Compagnia operative e da una Compagnia Comando, per una forza di circa un migliaio di uomini per Battaglione, con un organico complessivo di circa 2.000 uomini, specializzati nell'uso dei nebbiogeni.

Il II battaglione utilizzò attrezzature ed equipaggiamenti portati dall'Italia, mentre il III si avvalse di equipaggiamento italiano e di attrezzature tedesche. I principali apparecchi tedeschi per la produzione della nebbia artificiale, utilizzati dai genieri italiani, furono: N.P.G. 42, N.T.D. 32, attrezzatura tipo N.P.G. 42 con pompa elettrica per funzionamento a terra, attrezzatura installata a bordo di natanti. L'armamento individuale era quello standard del soldato italiano dell'epoca: fucile o moschetto mod. '91, pistola Beretta mod. 34 e fucile mitragliatore Breda 30.

I Battaglioni, che svolsero l'attività a fianco della Flak e della Kriegsmarine e che provenivano dal Reggimento Chimico di Roma, dipendevano tatticamente dal Comandante Navale delle rispettive Piazzeforti, un ammiraglio della Kriegsmarine, ed il compito dei Nebbiogeni era la difesa passiva del proprio settore, occultando con cortine nebbiogene artificiali, i porti e le vitali istallazioni industriali e militari (tra cui le fabbriche e le rampe delle micidiali V-1 e V-2), proteggendoli così dalla minaccia delle incursioni aeree nemiche. Ad ogni Compagnia dei Battaglioni fu affidato un settore di alcuni kilometri quadrati; ogni settore fu predisposto con opportune linee di annebbiamento artificiale e fu realizzata una capillare rete di comunicazione radio e telefonica, che permetteva di mantenere in contatto non solo tra le postazioni, ma anche con il Comando di Compagnie e di Battaglione, che era responsabile di inviare gli ordini d'azione. Erano stati studiati numerosi piani di difesa passiva, che tenevano in considerazione le diverse direzioni in cui poteva spirare il vento e dei vari obiettivi che necessitavano di essere nascosti agli aerei nemici. Dal momento, inoltre, che vi

---
1 Gotenhafen è l'attuale città polacca di Gdynia.
2 Memel è l'attuale città lituana di Klaipéda, il principale porto della Lituania.

era un importante traffico marittimo, sia di naviglio da guerra che di Uboot, erano anche stati approntati alcuni obiettivi fasulli, per attirare l'aviazione nemica.

A partire dal febbraio 1943, le forze armate tedesche istituirono un ufficio di collegamento presso il comando dei Nebbiogeni con il compito di coordinare le attività.

▲ Lettera inviata in Italia da un militare in servizio nel III Battaglione Nebbiogeno il 14 dicembre 1942: molto interessanti i timbri del Comando di Battaglione (fonte Web).

▼ Cartolina in franchigia inviata alla famiglia da un militare della 41ª Compagnia, all'epoca in organico al III Battaglione Nebbiogeni, l'8 marzo 1943. Interessante il timbro della 41ª Compagnia Nebbiogeni, con la dicitura "Ufficio sprovvisto di bollo" (collezione privata).

▲ È curioso notare come la pubblicità dei gas nebbiogeni per occultamento venisse fatta, dalle ditte produttrici (in questo caso la Società Anonima Bergomi di Milano) anche sulla stampa destinata ai "civili": questo annuncio, infatti, compariva su un numero della rivista "Sapere" del 1937.

▼ 15 maggio 1943 (collezione privata).

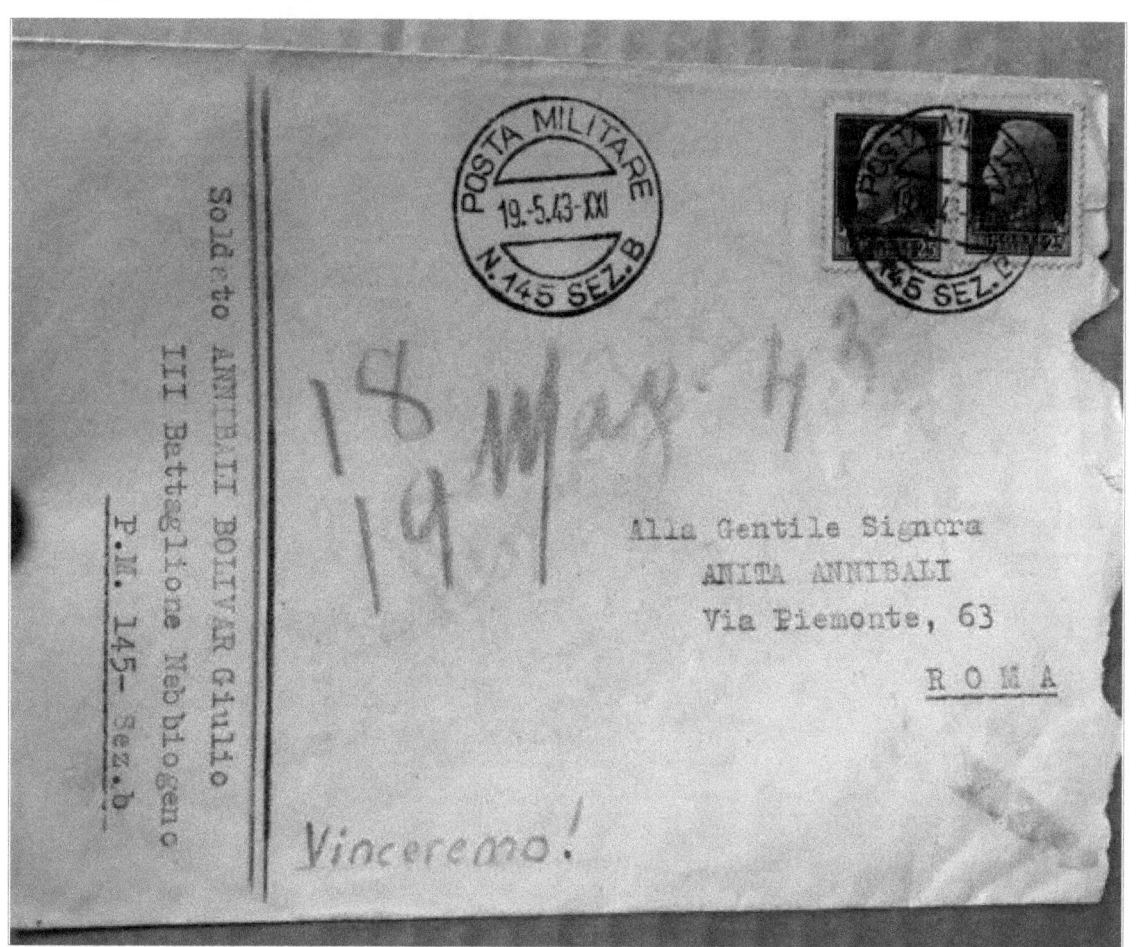

▲ Timbri del III Battaglione Nebbiogeno su una cartolina postale, inviata dalla Germania il 23 luglio 1943. Il bollo di Posta Militare reca il numero 145 – sezione B, proprio dei Nebbiogeni, mentre, meno visibile si nota il timbro lineare della 39ª Compagnia del III Battaglione, che riporta la doppia indicazione in Italiano e in tedesco "*3° BATTAGLIONE NEBB. – 3. NEBELBATTAILON*" e "*39ª Compagnia Nebb. – 39. Nebelkompanie*" (collezione privata).

▼ Fotografia aerea di un obiettivo da bombardare coperto dalla nebbia artificiale. Si può notare l'efficacia dell'annebbiamento che copre alla vista dei puntatori degli aerei da bombardamento il target.

IL CENTRO DI RICERCA MILITARE DI PEENEMÜNDE

Durante la Seconda guerra mondiale, la località di Peenemünde ospitava la Heeresversuchsanstalt, un grosso sito di sperimentazione e sviluppo missilistico, istituito nel 1937. Precedentemente il gruppo di ricerca, guidato da Wernher von Braun e Walter Dornberger, aveva operato a Kummersdorf, a sud di Berlino. La base berlinese si era però rivelata troppo piccola per gli esperimenti. Fu così cercato un nuovo sito dove ospitare le ricerche e fu scelta Peenemünde. La nuova, situata sulla costa, permetteva il lancio dei razzi e il successivo monitoraggio, attraverso oltre 300 chilometri di acque aperte. Qui, sino alla fine della guerra, gli scienziati tedeschi svilupparono le basi della tecnologia missilistica e due armi micidiali, i primi missili, le famose bombe volanti V-1 e V-2: la prima era sviluppata dalla Luftwaffe a Peenemünde-West, la seconda dell'Heer. I lanci di prova del primo missile V-1 avvennero all'inizio del 1942 e il primo V-2 (allora chiamato A-4) fu lanciato per la prima volta il 3 ottobre 1942, dalla Prüfstand VII. Nel comprensorio di Peenemünde furono sviluppate molte altre tecnologie, tra cui forse la più importante fu la televisione a circuito chiuso, che era utilizzata sulle rampe di lancio delle V-2 per seguirne i lanci dei razzi. Sull'isola, dove lavoravano oltre 15.000 persone (dato del 1943), si trovava una dei più grandi impianti per la produzione di ossigeno liquido, una propria centrale elettrica a carbone, che forniva l'energia all'intero centro missilistico, la più grande galleria del vento d'Europa, siti di lancio per i missili, strutture di controllo e monitoraggio dei razzi (nella zona nord - est) e numerosi bunker.

A protezione del sito, come abbiamo visto, erano stati appunto inviati nell'ottobre del 1942 due Battaglioni del Regio Esercito specializzati nell'uso dei nebbiogeni, con il compito di occultare il sito ai bombardieri alleati.

La base rimase segreta per molto tempo, fino a che ne venne rivelata la presenza, in una maniera non del tutto chiarita: ufficialmente tutte le informazioni vennero raccolte grazie alle ricognizioni aeree britanniche[3]. In ogni caso, da quel momento il sito divenne bersaglio delle incursioni aeree alleate.

La più pesante avvenne nella notte fra il 17 e 18 agosto del 1943 (Operazione Hydra", quando più di 500 bombardieri pesanti della RAF colpirono in tre ondate le installazioni, sganciando quasi 2.000 tonnellate di bombe, l'85% delle quali era formato da munizioni altamente esplosive. Il bombardamento costò la vita a 732 civili inermi, che lavoravano nel sito, tra cui Walter Thiel, capo dello sviluppo dei motori dei razzi ed un certo numero di specialisti tedeschi. Gran parte delle bombe venne infatti sganciata per errore sull'abitato e sui campi

---

[3] Testimonianze e documenti sostengono che l'esistenza di Peenemünde fu scoperta grazie all'opera dell'intelligence dell'esercito clandestino polacco (Armia Krajowa o AK) e ad informazioni provenienti da altre fonti (tra cui un pilota danese che avrebbe fotografato qualcosa che somigliava ad un razzo V), ma i servizi segreti britannici negarono per anni dopo la guerra di aver ricevuto alcuna informazione su Peenemünde dalla Polonia. Copie dei rapporti dell'AK emersero però in Polonia dopo la guerra (gli originali erano conservati in Gran Bretagna) e da alcuni di essi si evinse che molti dei lavoratori polacchi che si trovavano nei campi intorno al sito missilistico altro non erano che informatori degli alleati, appartenenti all'AK. In tempi recenti le autorità britanniche hanno dichiarato che tutti i rapporti dell'AK sono stati distrutti e quindi risulta impossibile appurare la verità.

dei lavoratori stranieri, manodopera coatta costretta dai tedeschi a lavorare nel sito produttivo[4]. La flotta aerea impegnata nell'incursione sarebbe stata composta da 596 bombardieri (324 Lancaster, 218 Halifax e 54 Stirling), di cui 94 erano "Pathfinder". Contemporaneamente all'attacco alla base delle V-1 e V-2, 8 De Havilland DH.98 Mosquito condussero un attacco su Berlino, con l'obiettivo di distogliere la maggior parte della caccia tedesca dall'obiettivo principale, riuscendo a tenerla lontana per le prime due ondate e, anzi, la caccia notturna tedesca venne deviata confusamente a Brema, Wilhelmshaven, Kiel, Berlino, Rostock, Swinemünde e Stettino.

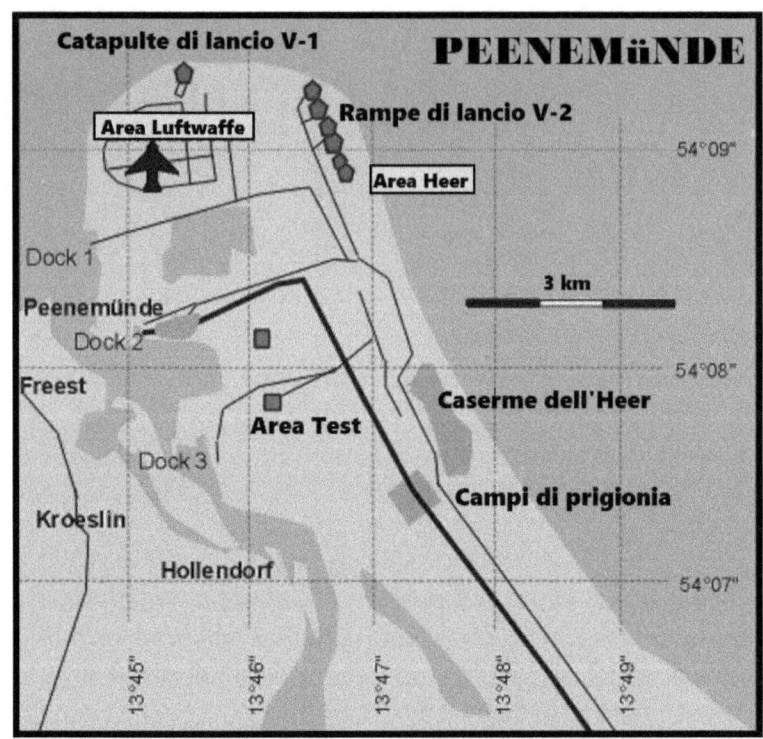

▲ Questo schema riassuntivo permette di avere un'idea della disposizione degli elementi che formavano il centro di ricerca sull'isola di Usedom.

Durante l'operazione, gli inglesi persero 47 velivoli, la maggior parte durante la terza ondata, quando i caccia notturni tedeschi si erano finalmente portati nelle vicinanze dell'area, dopo che la Luftwaffe aveva compreso quale fosse l'obiettivo principale dell'attacco. Nonostante ciò, il Bomber Command non aveva cominciato l'attacco nel migliore dei modi: i Pathfinder mirarono in maniera errata a circa tre km a sud dei dormitori che, vennero comunque colpiti dalle bombe, causando, come abbiamo visto centinaia di vittime; gli impianti di produzione invece subirono danni marginali mentre le officine di progettazione e gli uffici amministrativi subirono danni per più del 50%.

L'USAAF propose al generale Arthur Harris, comandante del Bomber Command della Royal Air Force, di compiere una seconda incursione su Penemünde il 19 agosto, ma il generale inglese rifiutò, poiché era convinto di aver conseguito un brillante successo.

Per il grave errore di valutazione e per i danni subiti dagli impianti di Peenemünde, il vicecomandante della Luftwaffe, colonnello generale Hans Yeshonnek, responsabile dell'organizzazione del sistema di difesa aerea della regione, si tolse la vita 19 agosto.

La tremenda incursione spinse i tedeschi a spostare la produzione dei razzi V sottoterra, nelle montagne dello Hartz. Nonostante le frequenti incursioni, molte installazioni di Peenemünde rimasero sostanzialmente intatte fino alla fine del conflitto; l'ultimo razzo V-2 fu lanciato dalla Prüfstand VII a Peenemünde 14 febbraio 1945.

---

[4] Morirono 213 prigionieri: 91 polacchi, 23 ucraini, 17 francesi e 82 prigionieri del campo di concentramento di nazionalità non identificata.

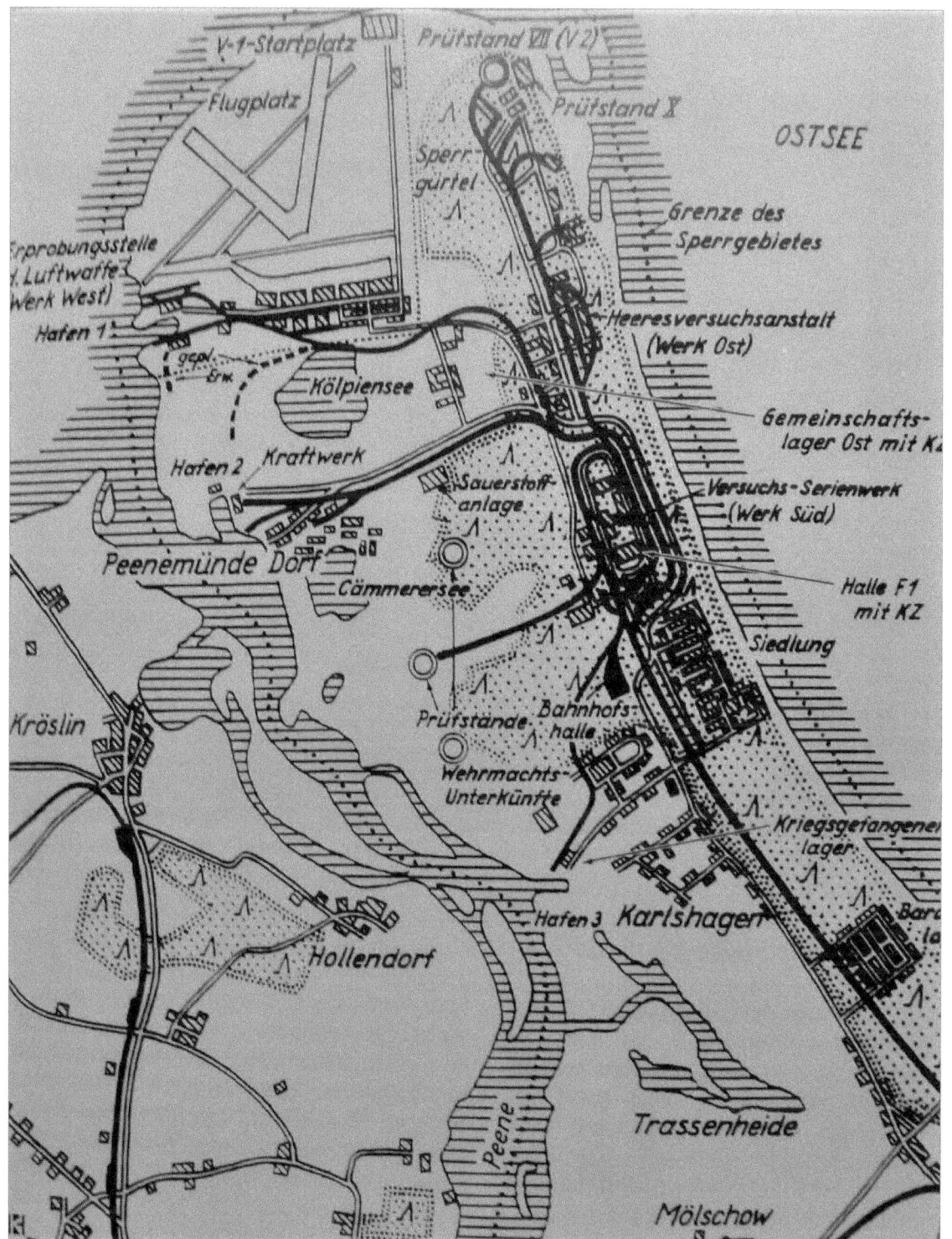

▲ Cartina che raffigura nel dettaglio i Raketenzentrums di Peenemünde nel 1943: colpisce la vastità dell'area interessata e l'articolazione delle strutture e degli edifici.

▲ Fotografia scattata il 12 giugno 1943 dalla ricognizione aerea della R.A.F. del Prüfstand VII (area lancio di prova) di Peenemünde.

▼ Interno di una officina a Peenemünde, si possono notare alcune testate delle V-2 in costruzione.

▲ Un missile V-1 in volo: lo studio delle V-1 fu condotto dalla Luftwaffe.

▼ Nell'agosto del 1945 il sito di Peenemünde si presentava gravemente danneggiato e, apparentemente, abbandonato.

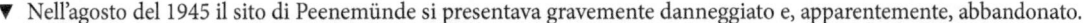

▲ Lancio di un razzo V-2 dalla base di Peenemünde.

▲ Fotografia scattata dalla ricognizione aerea inglese dell'area di Peenemünde nell'aprile 1943 in preparazione del bombardamento dell' "Operazione Hydra" (Fonte Web).

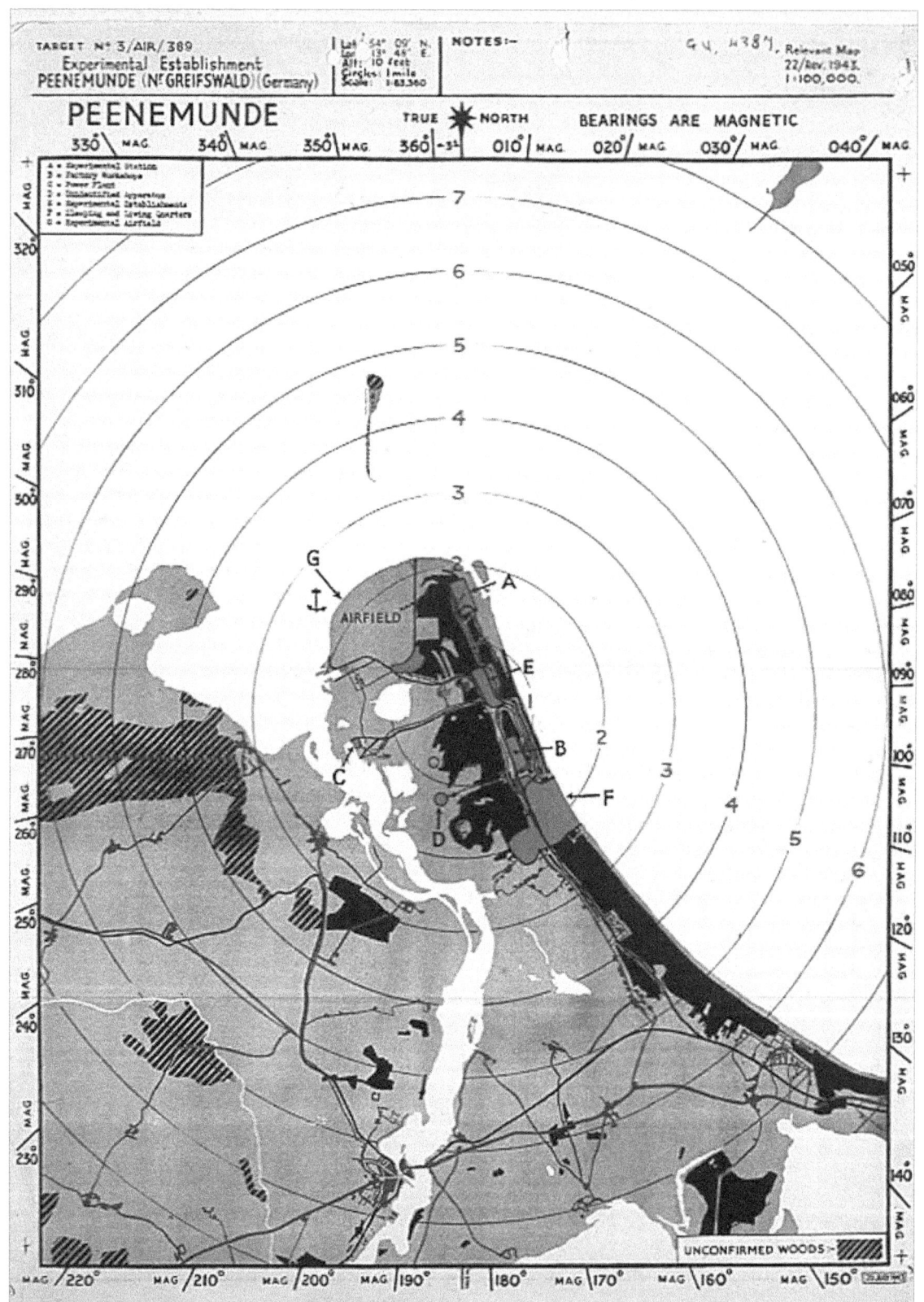

▲ Cartina dell'area di bombardamento dell'Operazione Hydra della notte tra il 17 e il 18 agosto 1943 (Fonte Web).

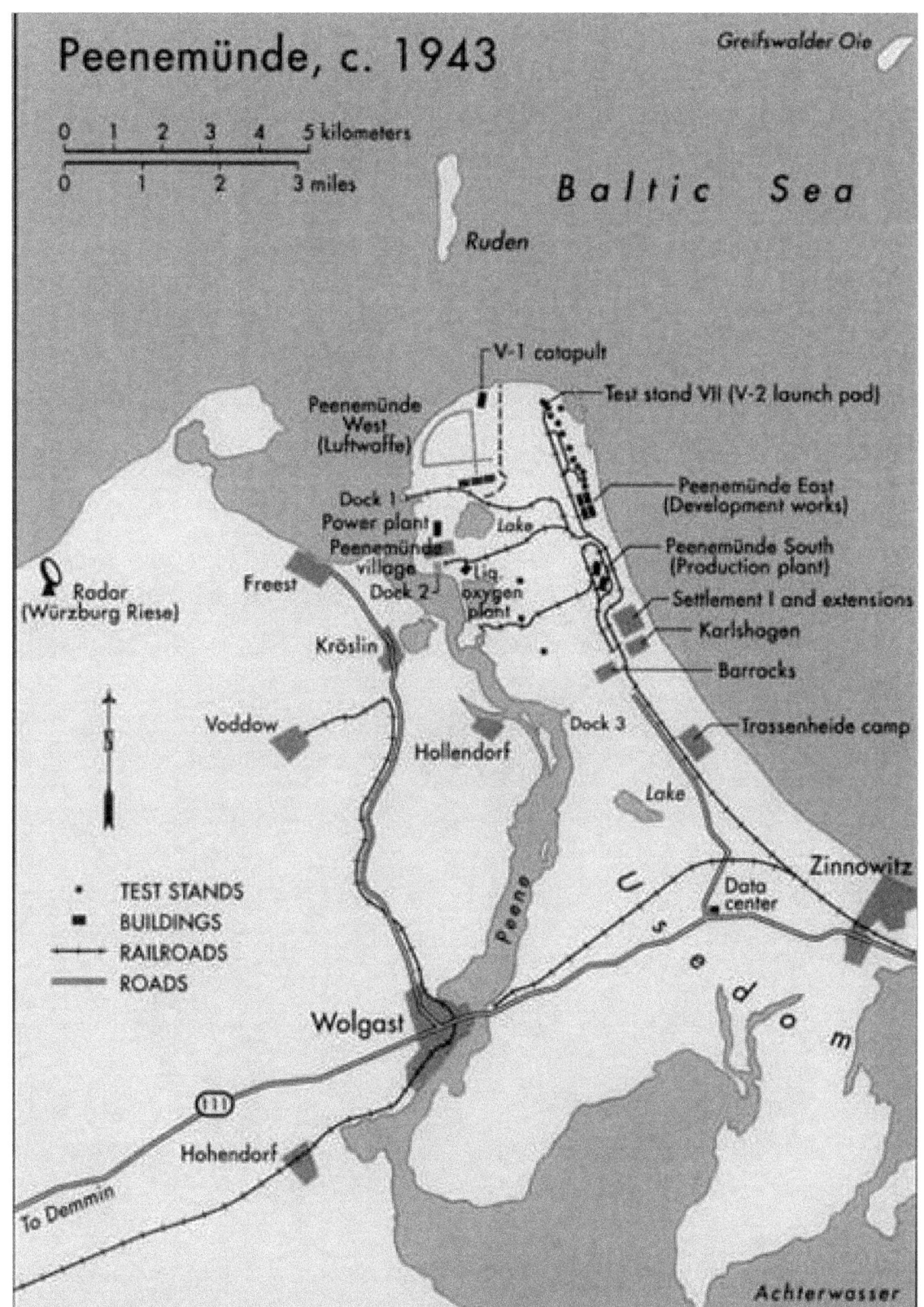

▲ Mappa dell'area di Peenemünde con le strade e i tratti di ferrovia che consentivano il trasporto del materiale e dei lavoratori impegnati nella costruzione delle V-1 e V-2 (Fonte Web).

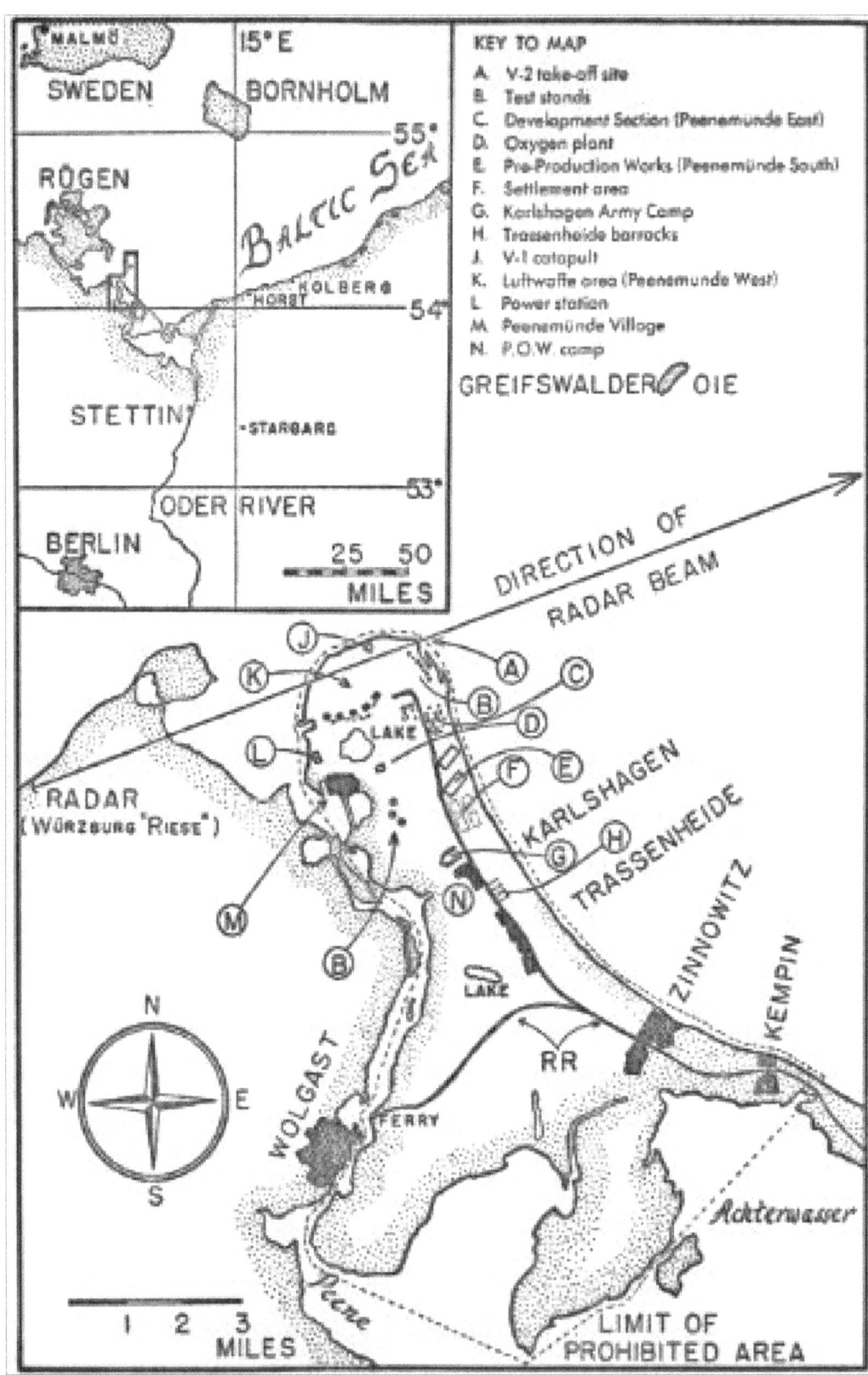

▲ Mappa inglese dove è segnato il limite dell'area da bombardare e la direzione del bombardamento.

▲ Durante la notte tra il 17 ed il 18 agosto 1943 il complesso di Peenemünde subì il pesantissimo bombardamento da parte della Royal Air Force, che danneggiò solo parzialmente le strutture missilistiche. In questa foto aerea si vede Peenemünde, ripresa da un ricognitore della R.A.F pochi giorni prima del bombardamento.

▼ Una fotografia di Peenemünde, dopo il raid del Bomber Command. L'immagine, scattata da un De Havilland Mosquito PR Mark IX dello squadrone n. 540 RAF, utilizzando una fotocamera verticale di tipo F.52 (36"), mostra la spaventosa concentrazione di crateri di bombe sull'aeroporto e i danni inflitti agli edifici tecnici della Luftwaffe a Peenemünde West.

▲ L'area di ricerca di Peenemünde in una cartina proveniente da un carteggio statunitense del 1952: nel dopoguerra il sito rappresentò

▼ Il Centro Missilistico di Peenemünde oggi, trasformato in un Museo della Scienza e della Tecnologia.

REAZIONE ALL'ARMISTIZIO

Nella notte dell'8 settembre, dopo avere sentito il proclama di Badoglio alla radio ed essere raggiunti solo dall'eco di quello che stava realmente accadendo in Italia, i comandanti dei Battaglioni riunirono gli ufficiali, chiedendo loro di interpellare i sottufficiali ed i soldati dipendenti, per stabilire cosa fare in quel difficile frangente. La mattina dopo fu chiaro che la decisione quasi unanime era quella di continuare a combattere con le Forze Armate tedesche, mantenendo però uniforme e bandiera italiane. Fu così inviato un comunicato al Comando di Piazza tedesco, che, informava della decisione di proseguire il conflitto, ponendo però una serie di condizioni:

- Fino a quando non venisse accertata l'esistenza di un Comando superiore italiano, dal quale prendere ordini, i due Battaglione Nebbiogeno dovevano essere considerati autonomi dai tedeschi e, quindi, assolutamente indipendenti.

- In conseguenza, i Battaglioni non avrebbero riconosciuto alcuna disposizione disciplinare da parte di qualsiasi Comando germanico ed avrebbero continuato a rispettare ed applicare il Regolamento di Disciplina dell'Esercito Italiano, sotto l'unica responsabilità del maggiore, comandante i Battaglioni.

- Ufficiali, sottufficiali e truppa avrebbero conservato la regolamentare uniforme italiana, senza la minima variante, con le armi in dotazione.

- Al Comando dei Battaglioni sarebbe stata innalzata regolarmente la bandiera italiana e nessuna restrizione di alcun genere sarebbe stata posta per il funzionamento del Comando e per i rapporti con i Comandi tedeschi.

Le condizioni richieste dai Battaglioni Nebbiogeni furono accettate senza riserve dal Comandante della Piazzaforte: conservando inalterate uniformi e bandiere i reparti italiani proseguirono così la propria guerra, accanto alle Forze armate tedesche, nella più assoluta indipendenza e senza soluzione di continuità tra il periodo antecedente l'Armistizio e quello immediatamente successivo, rimanendo autonomi e senza alcun collegamento con Comandi superiori italiani. Bisogna altresì rilevare che, mentre il III Battaglione Nebbiogeno, di stanza a Wilhelmshafen, ed il Comando Sommergibili di Danzica si schierano immediatamente a favore della Germania, nel II Battaglione si cominciò invece a diffondere propaganda antitedesca, per cui il comandante, il maggiore Calafiore, prese la decisione di allontanare gli elementi filo badogliani (5 ufficiali e 19 tra sottufficiali e truppa), facendoli internare dai tedeschi, per scongiurare il rischio di un cambio di fronte. Il comandante Calafiore, nei mesi successivi, svolse un'intensa attività di propaganda per l'arruolamento nei Nebbiogeni presso i soldati italiani, che si trovavano nei campi di Internati Militari Italiani (I.M.I.[5]) della regione, distribuendo anche un proprio dattiloscritto di 5 pagine, intitolato *"Notiziario per i militari italiani internati"*.

Da notare come, dopo l'armistizio dell'8 settembre 1943, il comandante della Base della Marina di BETASOM di Bordeaux, in virtù di un accordo con l'ammiraglio Karl Dönitz, costituì la 1ª Divisione Atlantica Fucilieri di Marina della Marina Nazionale Repubblicana

---

[5] I.M.I.: Internati Militari Italiani, erano i militari catturati dai tedeschi dopo l'8 settembre 1943 e deportati nei lager. Gli italiani catturati non ottennero mai lo status di prigionieri di guerra, ma furono sempre considerati come internati.

ed ottenne l'assegnazione di 6.000 Internati Militari Italiani alla Kriegsmarine per costituire Battaglioni Bau sulla costa atlantica e di altri 5.400 per rafforzare i Battaglioni Nebbiogeni del Baltico, oltre alla liberazione di 4.000 marinai internati (I.M.I.) nei campi di Treviri e Neubrandenburg, che avevano chiesto di aderire alla Repubblica Sociale. In effetti numerosi effettivi dei reparti Nebbiogeni costituiti dopo l'Armistizio provenivano proprio dai campi di prigionia: lo scrittore Giovanni Guareschi, nel suo diario di prigionia, intitolato *"Il grande diario"*, racconta l'episodio di un nutrito gruppo di Genieri, detenuti dai tedeschi come IMI, che aderirono in massa alla Repubblica Sociale, uscirono i reticolati del campo dove erano prigionieri, inquadrati a passo di marcia e cantando "Giovinezza" per ricongiungersi ai reparti Nebbiogeni del Baltico.

La 39ª Compagnia del III Battaglione fu raggiunta dalla notizia della formazione della Repubblica Sociale Italiana attraverso la radio ed alcuni suoi effettivi, conosciute le caratteristiche dalla nuova bandiera, si adoperarono per realizzare un tricolore caricato dell'aquila nera con il fascio repubblicano con gli artigli, che fu probabilmente il primo vessillo del neocostituito Stato fascista a sventolare al di fuori del territorio nazionale.

L'attività dei due Battaglioni Nebbiogeni proseguì ininterrotta anche in questa fase in cui i reparti rimasero di fatto autonomi da ogni Comando superiore e fu anzi molto più intensa, perché gli attacchi aerei alla base tedesca di Wilhemshaven divennero via via sempre più frequenti e violenti. I genieri dei Nebbiogeni operarono però in maniera così efficiente, che i bollettini di guerra alleati dovettero spesso registrare l'impossibilità di verificare l'efficacia di alcune missioni di bombardamento sugli obiettivi prefissati, proprio a causa delle fitte coltri di nebbia artificiale che coprivano le basi tedesche del Mar Baltico e del Mare del Nord durante le incursioni. Durante questi mesi i Battaglioni Nebbiogeni riportarono numerose perdite, dovute soprattutto al fatto che i militari si trovarono quotidianamente ad operare durante le incursioni aeree praticamente allo scoperto, fino a che le coltri di nebbia artificiale non coprivano le zone interessate dagli attacchi.

I NEBBIOGENI DURANTE LA R.S.I.

La situazione mutò radicalmente nel mese di febbraio del 1944, allorquando fu costituito un Campo di Addestramento (Ausbildungslager) per Truppe Nebbiogene a Stettino ed il relativo Comando Truppe Nebbiogene, retto inizialmente ad interim dal maggiore Giuseppe Calafiore del II Battaglione, sostituito successivamente dal colonnello I.G.S. Carlo Fedi. Il maggiore Calafiore era giunto in Germania dall'ottobre 1942, come comandante del II Battaglione Nebbiogeno, di stanza a Gotenhafen-Gdynia nel Golfo di Danzica, ma, in attesa dell'arrivo dall'Italia del designato Comandante colonnello Fedi, diresse per diversi mesi la sede del Comando Truppe Nebbiogene. I due Battaglioni Nebbiogeni persero così la loro completa autonomia, andando a dipendere proprio da questo Comando; per le Forze armate tedesche, i Nebbiogeni assunsero la denominazione "*Italienische Nebeltruppen in Baltikkustenland*".

Presso il Comando Truppe Nebbiogene le forze armate tedesche istituirono un ufficio di collegamento, composto da un maggiore, un sottotenente e due militari di truppa, che conoscevano la lingua italiana. Questo Nucleo di collegamento con l'O.K.M., costituito dalla M.M.I. e comandato dal colonnello Trillini, ebbe un duplice compito: controllare direttamente sul posto che l'impiego ed il trattamento dei soldati italiani fossero conformi a quanto stabilito negli accordi tra l'O.K.W. e la R.S.I., informare il Comando delle problematiche sorte presso i battaglioni per permetterle di intervenire al fine di porre rimedio ad essi.

Il Campo di Addestramento organizzato dai genieri fu ritenuto così valido tanto da formare anche personale della Kriegsmarine; il più valido istruttore dell'Ausbildungslager fu proprio il maggiore Calafiore. Questi aveva anche redatto, nel gennaio del 1944, un manuale operativo per i Nebbiogeni del Baltico, sotto forma di Memoria segreta, intitolata "*Memoria per l'addestramento dei quadri e delle unità italiane impiegate nell'ambito della marina da Guerra Germanica*". Si tratta di una guida, impostata secondo le dottrine degli anni '40, all'organizzazione dell'annebbiamento di obiettivi militari, da distribuire non solo ai militari italiani, ma anche agli ufficiali della Kriegsmarine, durante il corso di addestramento.

In Germania operava la Missione Militare Italiana in Germania, che svolgeva un'opera di tutela del soldato italiano al di fuori delle frontiere nazionali, al comando del colonnello (poi generale) Capo di Stato Maggiore Umberto Morera. La Missione era formata da ufficiali, sottufficiali e soldati di varie armi, con il proprio Comando operativo a Berlino, dove era stata costituita nel 1944, e da sei Nuclei di Collegamento presso l'OKW, l'OKL, l'OKM, l'OB/Ost, l'OB/Süd-Ost e l'OB/West. Si adoperò per tutelare i militari italiani internati, per trasformarli in liberi lavoratori o per facilitarne il rimpatrio (in concerto con la Croce Rossa), rintracciare i militari italiani che, singolarmente o in piccoli gruppi, si trovavano inquadrati nelle Forze Armate tedesche, per rimpatriarli o trasferirli a reparti della Repubblica Sociale e, infine, di coordinare e supervisionare l'addestramento delle quattro Divisioni italiane in Germania e dei reparti operanti all'estro, come i Battaglioni Nebbiogeni. L'attività della Missione fu condotta tra gravi difficoltà, sia per l'oggettiva situazione di disagio (la Germania era sottoposta a pesanti e continui bombardamenti, aggravarsi dall'incombere dell'Armata Rossa su Berlino a partire da gennaio del 1945) sia per il palese atteggiamento di disprezzo e sfiducia con cui venivano trattati i militari italiani da parte delle autorità tedesche. La Missione Militare Italiana fu presente ed operò a Berlino sino al 10 aprile 1945, quando lasciò la città per l'inizio dell'accerchiamento sovietico.

Il giuramento di fedeltà alla R.S.I. si svolse, in quasi tutte le località il 9 febbraio 1944, anniversario della primigenia Repubblica Romana, ma il II Battaglione, non se ne conosce la motivazione, prestò giuramento solo il 22 giugno, dopo oltre 4 mesi dalla data fissata per il giuramento ufficiale dei Reparti delle Forze Armate della Repubblica Sociale.

Nel marzo 1944 fu costituito un nuovo Battaglione, il I, comandato dal capitano Raffaele Di Pietro e con aiutante maggiore il tenente Giosuè Cuccurullo, che fu inviato presso la base navale dell'isola di Usedom – Wollin[6]. Questo Battaglione venne formato con specialisti già presenti in Germania e da reclute provenienti dai campi per internati militari tedeschi, raggiungendo una forza di più di 400 genieri. Il I Battaglione, che fu elogiato dal Comando Tedesco per il tenace comportamento tenuto, protesse sia la base dei sommergibili del Baltico, sia le rampe di lancio delle V-1 e delle V-2, poste all'estremo nord dell'isola Usedom a Karlshagen, presso la celebre base di Peenemünde.

Il 23 giugno 1944, giorno successivo al giuramento del II Battaglione fu inviato un rapporto alla Segreteria del Maresciallo Graziani, dove era indicata la situazione dei reparti Nebbiogeni schierati in Germania. Da tale rapporto si evince che i reparti e l'organico erano i seguenti[7]:

- Comando truppe Nebbiogene e Nucleo collegamento con l'OKM - Stettino
- II Battaglione – Stettino: 130 ufficiali, 49 sottufficiali, 184 graduati/soldati
- sul Mare del Nord a Wilhelmshaven: 29 ufficiali, 34 sottufficiali, 368 graduati/soldati
- sul Mar Baltico a Swinemünde[8]: 26 ufficiali, 23 sottufficiali, 340 graduati/soldati
- sul Mar Baltico a Gotenhafen: 32 ufficiali, 30 sottufficiali, 338 graduati e truppa
- ad Heydebrekk: 32 ufficiali, 79 sottufficiali, 701 graduati/soldati
- a Zeit (vicino a Lipsia): 6 ufficiali, 17 sottufficiali, 228 graduati/soldati

per un totale di: 255 ufficiali, 232 sottufficiali, 2159 graduati/soldati – 2.646 militari[9]

Nel luglio del 1944 i reparti Nebbiogeni ricevettero una visita ispettiva della Missione Militare Italiana in Germania, guidata dal capitano di corvetta Alfredo Saidelli; nella sua relazione del 24 luglio l'ufficiale riferì non solamente sulla loro dislocazione e sulla situazione del loro addestramento, ma segnalò anche che la presenza di internati militari italiani, francesi e slavi in un campo di detenzione, dislocato non distante dal Centro Addestramento Truppe Nebbiogene, influiva negativamente sul morale dei soldati repubblicani.

Una relazione del 25 ottobre 1944, stesa dal capitano Umberto Bruzzese dopo la sua visita ai Battaglioni Nebbiogeni, sempre per conto della Missione Militare Italiana in Germania,

---

[6] Wollin è l'attuale isola polacca di Wolin, che divide la laguna di Stettino dal Mar Baltico, assieme alla vicina isola di Usedom, isola nel Mar Baltico, al confine tra Germania e Polonia.

[7] Nel rapporto redatto per la Segreteria del Maresciallo Graziani, non viene mai citato il numero del Battaglione schierato, a parte il II. Neanche il relatore del rapporto, nel dopoguerra, ha dato una risposta al perché di tale mancanza.

[8] Swinemünde è l'attuale città di Świnoujście, enclave polacca sull'isola tedesca di Usedom.

[9] L'elevato numero di ufficiali presenti deriva dall'alta percentuale di ufficiali prigionieri, nei lager vicino a Stettino, che optarono per l'adesione alla Repubblica Sociale Italiana.

segnalava invece, fra le varie osservazioni, che i reparti avevano un forte esubero di ufficiali, molti dei quali avevano espresso il desiderio di poter ritornate in Italia e che il maggiore Calafiore era inviso a molti ufficiali e militari di truppa, senza specificarne il motivo.

Con Decreto numero 868 del 27 ottobre 1944 fu istituito il Tribunale di Guerra presso il II Battaglione Nebbiogeni, retto dal maggiore Giuseppe Calafiore; l'Addetto Militare a Berlino, però diventava il destinatario degli eventuali ricorsi ed aveva di conseguenza il potere di sospendere l'esecuzione delle pene e, per gli ufficiali, di disporre il trasferimento del giudizio in Italia.

In un secondo momento furono costituiti altri due Battaglioni, il IV ed il V, portando così il totale dell'organico dei Battaglioni a più di 2.000 Nebbiogeni; queste ultime due unità furono dislocate in zone interne della Germania, il IV a Fedderwardergroden ed il V a Zeit, nei pressi di Lipsia, a protezione dei vitali impianti petrolchimici, che producevano speciali benzine sintetiche per uso aeronautico. Il V Battaglione contribuì in modo fondamentale a difendere queste installazioni da un devastante attacco aereo inglese, definito da un testimone "*un vero oceano di fuoco*"[10] nella notte tra il 16 ed il 17 gennaio 1945.

Dall'Italia giunsero anche un gruppo di Ausiliarie, del quale purtroppo non si hanno informazioni, e complementi provenienti dal Deposito Truppe Chimiche di Verona, che permisero di rimpiazzare sia i caduti, sia i militari rimpatriati dalla Germania a causa di malattia o di inidoneità fisica, sopravvenuta durante l'attività operativa, che comportava rischi non indifferenti, non solo per il pericolo causato dal nemico, ma anche per l'utilizzo di sostanze chimiche pericolose[11].

Il compito svolto dai Battaglioni Nebbiogeni era caratterizzato da altissima tecnicità e grande rischio, che richiedeva un elevato grado di addestramento. Avvolti in combinazioni protettive antiacidi, i Nebbiogeni riuscivano a stendere una fitta cortina chimica di cloridrina in soli 50 secondi. I reparti erano dislocati su di un fronte operativo molto esteso, che era stato minuziosamente studiato ed attrezzato con piccoli ricoveri, costituiti da baracche e da vagoni ferroviari dismessi, che, oltre a fungere da alloggi di fortuna, contenevano e proteggevano tutte le attrezzature speciali necessarie all'annebbiamento artificiale, in modo che fossero sempre pronte all'uso, nelle postazioni prestabilite dai piani di difesa passiva.

I contatti con l'Italia erano scarsi o nulli, tanto che molti di questi militari furono a lungo considerati ormai caduti o dispersi dalle famiglie.

Nei primi mesi del 1945 la situazione in Germania iniziò a peggiorare repentinamente, in concomitanza con lo sviluppo sempre più violento della grande offensiva angloamericana da Occidente e sovietica da Oriente, mentre il territorio controllato dalle Forze armate tedesche si riduceva sempre di più. In particolare, l'inizio dell'anno vide l'Armata Rossa iniziare l'offensiva finale che la porterò a Berlino: venne conquistata l'Ungheria e, in un solo mese, la Polonia. Il 3 febbraio le truppe sovietiche raggiunsero l'Oder, preparandosi per le ulteriori offensive che portarono alla conquista di Vienna il 13 aprile, di Berlino il 2 maggio e di Praga il 9 maggio.

Nel prospetto della relazione della Missione Militare Italiana del gennaio/febbraio 1945,

---
10 Cfr. "*Battaglioni Nebbiogeni della R.S.I. fino al 3 maggio 1945 in Nord Europa*" di Remo Zara in ACTA n° 21 (maggio/luglio 1993), Istituto Storico della RSI.
11 Informazione desunta da lettere circolari dello SME e del Sottosegretariato di Stato per l'Esercito sui militari appartenenti a reparti nebbiogeni, rimpatriati dalla Germania per malattia e inidoneità fisica del febbraio 1945.

vengono segnalate la dislocazione e l'organico dei reparti nebbiogeni:

- Comando Truppe Nebbiogene e Nucleo collegamento – dislocazione: Wilhelmshaven – organico: 5 ufficiali, 3 sottufficiali, 9 graduati/soldati
- Nucleo Ausiliarie SAF
- Centro Addestramento – dislocazione: Wilhelmshaven – organico: 48 ufficiali, 38 sottufficiali, 171 graduati/soldati
    - Compagnia Comando
    - 51ª Compagnia
- I Battaglione – dislocazione: Swinemünde – organico :19 ufficiali, 29 sottufficiali, 418 graduati/soldati:
    - Plotone Comando
    - 34ª Compagnia
    - 35ª Compagnia
- II Battaglione – dislocazione: Gotenhafen- organico: 30 ufficiali, 67 sottufficiali, 629 graduati/soldati:
    - Plotone Comando
    - 29ª Compagnia
    - 32ª Compagnia
    - 33ª Compagnia
    - 41ª Compagnia
- III Battaglione – dislocazione: Wilhelmshaven – organico: 22 ufficiali, 39 sottufficiali, 477 graduati/soldati:
    - Plotone Comando
    - 38ª Compagnia
    - 39ª Compagnia
- IV Battaglione: Plotone Comando, 28ª Compagnia
- Wilhelmshaven - 10 ufficiali, 26 sottufficiali, 225 graduati/soldati
- 40ª Compagnia – dislocazione: Swinemünde – organico: 5 ufficiali, 23 sottufficiali, 204 graduati/soldati
- 37ª Compagnia autonoma – dislocazione: Emden – organico: 8 ufficiali, 16 sottufficiali, 217 graduati/soldati
- 52ª Compagnia autonoma – dislocazione: Zeit – organico: 5 ufficiali, 20 sottufficiali, 177 graduati/soldati

Per un totale di: 154 ufficiali, 261 sottufficiali, 2527 graduati/soldati – 2.942 militari

Il 15 febbraio 1945, nella relazione inviata alla Segreteria Particolare del Capo del Governo da parte del Capo della Missione Militare generale Morera, veniva, tra le altre segnalazioni, citata la situazione dei battaglioni nebbiogeni. Si comunicava che il Centro Addestramento

▲ Il II Battaglione Nebbiogeni poté giurare a Stettino solo il 22 giugno 1944, a distanza di 4 mesi da tutti gli altri reparti della R.S.I. Al centro dell'immagine, il maggiore Giuseppe Calafiore, comandante del reparto (Archivio Arena).

▼ Il colonnello Carlo Fedi, comandante dei Battaglioni Nebbiogeni, durante una visita ai suoi reparti, probabilmente nell'aprile 1945. L'alto ufficiale svolgeva funzioni di generale e, secondo alcune fonti, fu promosso al grado superiore prima della fine del conflitto. L'ufficiale in secondo piano dovrebbe essere il maggiore Calafiore comandante del II Battaglione Nebbiogeni (Archivio Arena).

▲ Due Nebbiogeni posano indossano gli indumenti, imprescindibili nello svolgimento delle attività di annebbiamento, per difendere l'organismo umano dagli effetti degli agenti chimici: tuta e guanti in gomma e maschera antigas, qui contenuta nell'apposita sacca da portare a tracolla (Archivio Pisanò).

▼ Alcuni soldati dei Battaglioni nebbiogeni vengono istruiti all'uso del Panzerfaust da ufficiali della Marina tedesca: nelle ultime settimane di guerra i genieri italiani si videro costretti a combattere anche come semplici reparti di fanteria (Archivio Pisanò).

▲ Un gruppo di giovani ragazze del Servizio Ausiliario Femminile, in servizio probabilmente presso il III Battaglione Nebbiogeni (Archivio Pisanò).

▼ Le stesse Ausiliarie dell'immagine precedente, ritratte senza le giubbe in panno grigioverde, di fronte alle baracche che fungevano da alloggi per il reparto (ArchivioPisanò).

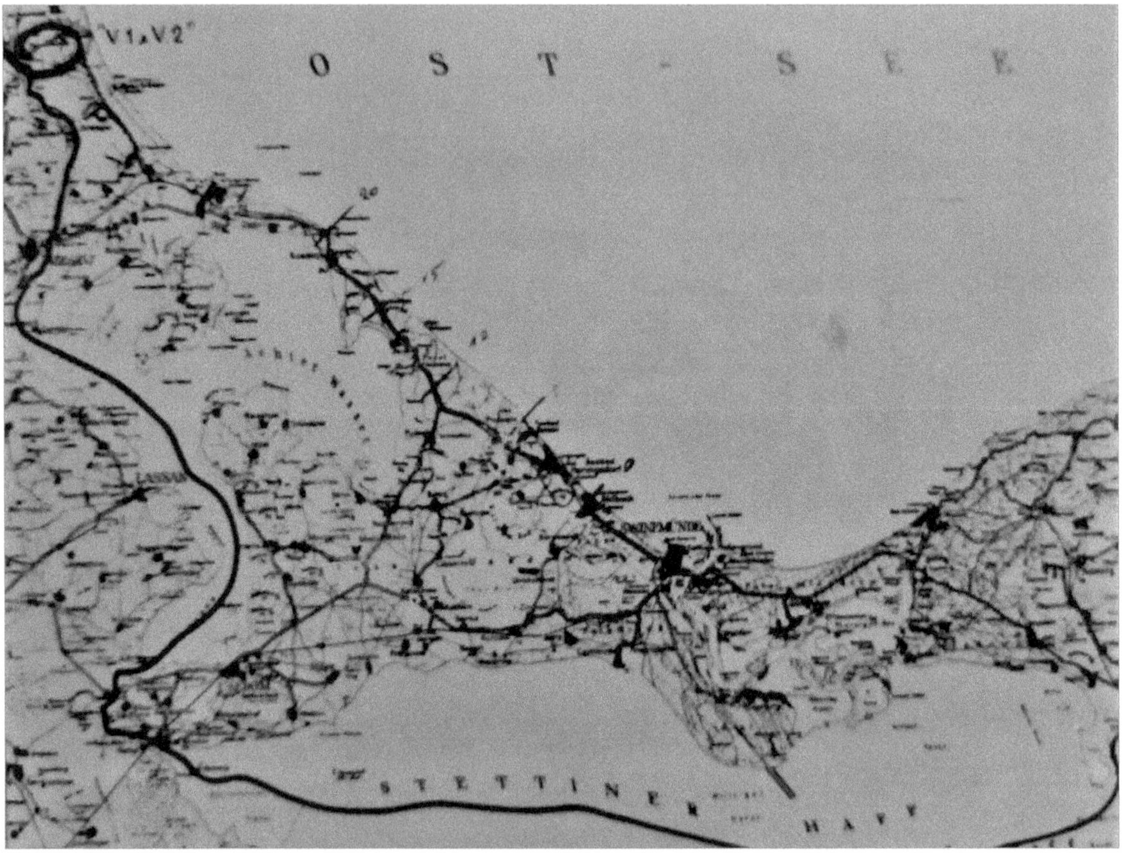

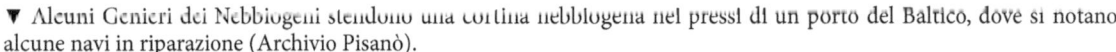

▲ Cartina tedesca del periodo bellico che riporta la disposizione degli impianti del sito di Peenemünde (Archivio Pisanò).

▼ Alcuni Genieri dei Nebbiogeni stendono una cortina nebbiogena nei pressi di un porto del Baltico, dove si notano alcune navi in riparazione (Archivio Pisanò).

▲ Un'immagine più ravvicinata mette bene in evidenza e apparecchiature utilizzate per realizzare la nebbia artificiale (Archivio Arena).

▼ Il gruppo di Nebbiogeni, ritratti nelle immagini precedenti, rientrano ai propri accantonamenti, al termine dell'operazione (Archivio Pisanò).

▲ Impianti nebbiogeni appartenenti al II Battaglione in azione a Gotenhafen (fonte Web).

▼ Il 3° Battaglione Nebbiogeno in azione a Wilhelmshaven durante un bombardamento effettuato dai B-17 americani (fonte Web).

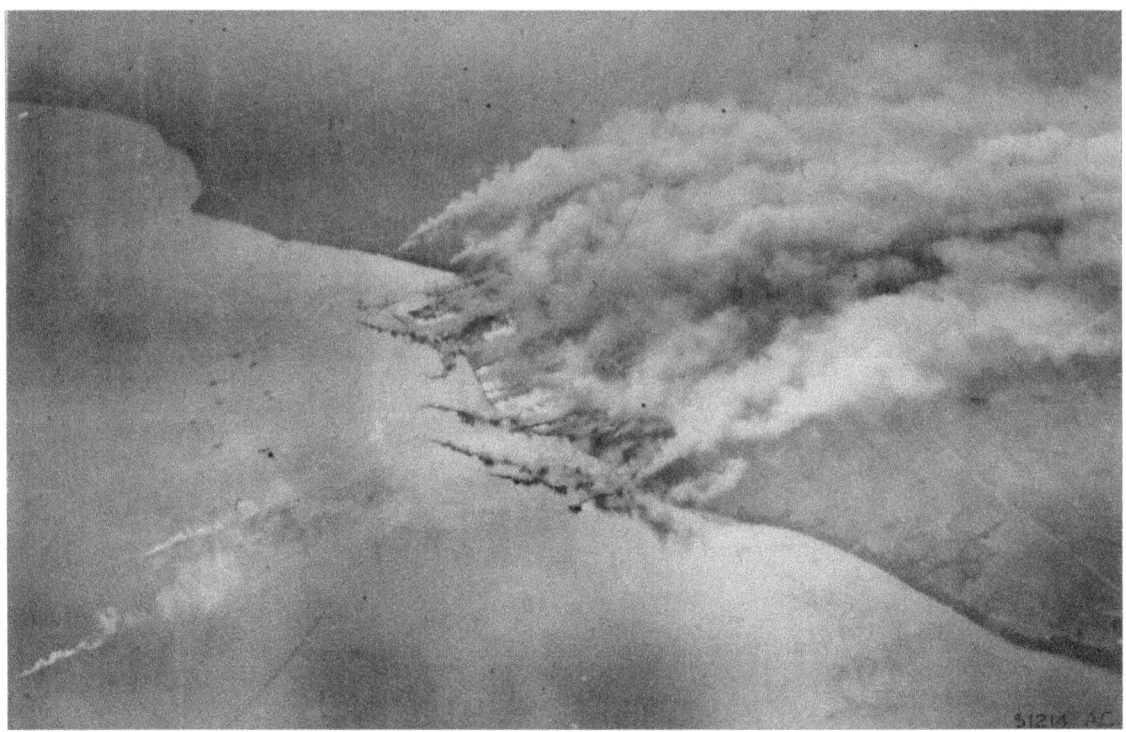

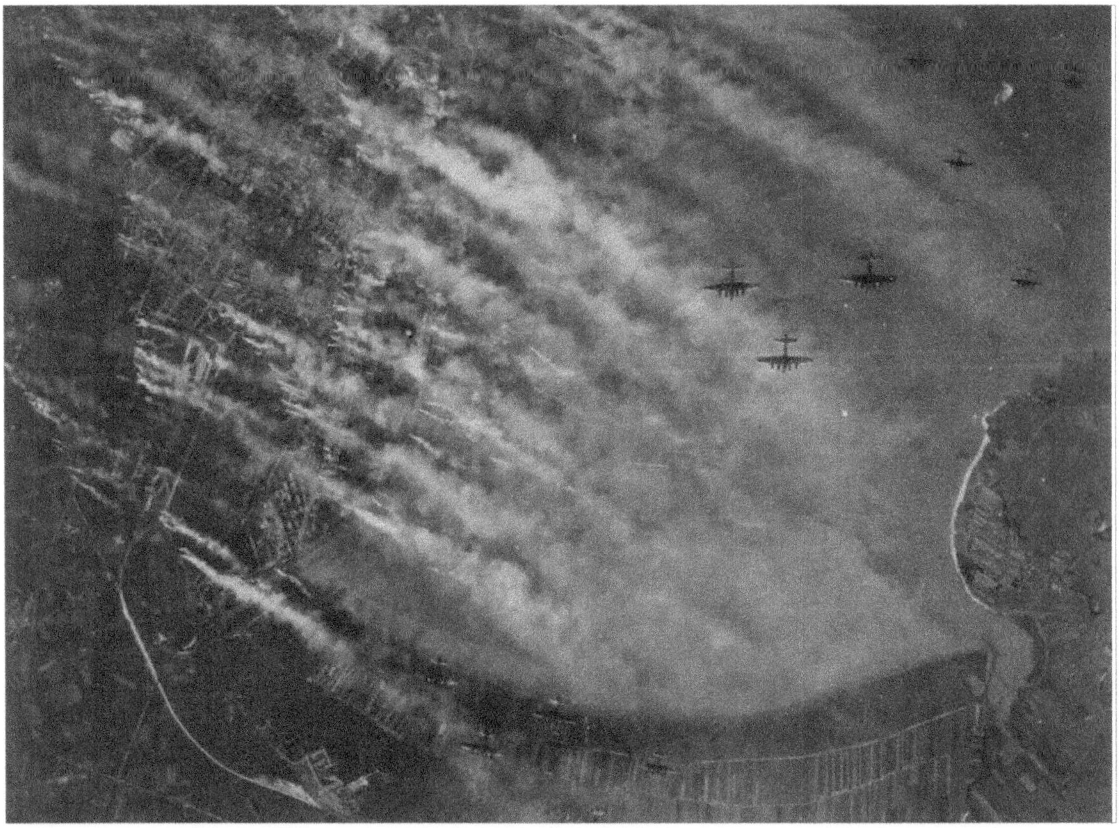

▲ Lettera inviata in Italia da un militare in servizio nel III Battaglione Nebbiogeno nel 1944: il reparto è identificabile dalla Feldpost numero 81226.

▼ Lettera spedita da un militare appartenente al II Battaglione Nebbiogeno di stanza a Gotenhafen nel 1944 o 1945, visto la destinazione Alpenvorland (fonte Web).

▲ Sul finire della guerra, il II ed il III Battaglione Nebbiogeni furono impiegati anche come semplici reparti di fanteria. Nell'immagine, alcuni Nebbiogeni del II Battaglione pattugliano la costa del Mar Baltico all'inizio del 1945 (Archivio Pisanò).

▼ Scattato l'allarme aereo, i Nebbiogeni, messi in allerta, si portano celermente alle postazioni di annebbiamento, per occultare gli obiettivi sensibili (Archivio Pisanò).

▲ Primo piano di uno dei Nebbiogeni di pattuglia, ritratti nella fotografia precedente (Archivio Pisanò).

▲ I Genieri dei Nebbiogeni, arrivati nella posizione prestabilita, stendono una cortina nebbiogena di cloridina; indossano la combinazione protettiva in gomma, propria della loro specialità (Archivio Pisanò).

▼ Immagine della rotta dei tedeschi sul Mar Baltico: il fronte, come abbiamo visto nel testo, era presidiato anche dai Battaglioni Nebbiogeni italiani, che condivisero il destino dei reparti germanici in quelle difficili giornate.

▲ Un ufficiale sovietico osserva alcuni mezzi corazzati tedeschi abbandonati sulle coste baltiche, dopo il crollo della difesa sul Mar Baltico nell'aprile del 1945.

▼ Tavola di Guido Rosignoli raffigurante fregio e mostrine dei Battaglioni Nebbiogeni.

▲ Fregio per berretto dei Battaglioni Nebbiogeni.

▲ Mostrina dei Battaglioni Nebbiogeni ricamata in canutiglia (collezione Riccardo Pantanelli).

▲ Riproduzione delle mostrine dei reparti Chimici dell'Esercito Nazionale Repubblicano.

▲ Disegno tratto dalla "Istruzione Provvisoria" che raffigura il fregio da berretto previsto per i reparti Chimici dell'Esercito Nazionale Repubblicano.

di Groß Born[12] era stato smantellato e il personale inviato a Wilhelmshaven, dove erano presenti il Comando Truppe Nebbiogene e il III Battaglione, che il I Battaglione era a Swinemünde e il II a Gotenhafen, mentre la compagnia dislocata a Pillau, entro breve tempo, sarebbe stata trasferita via mare, senza però indicare la località di destinazione. Nella relazione si citava anche un crescente nervosismo tra i militari e alcuni casi di diserzione.

Con l'avvicinarsi della fine, i Battaglioni vennero impiegati anche in compiti di contraerea, di difesa costiera e persino come truppe di fanteria sia nel tentativo di arginare le armate sovietiche, che attaccavano da est, sia quelle inglesi, che sopraggiungevano da ovest, equipaggiati solo con armamento leggero e pochi panzerfaust, come armi anticarro individuali.

Il I Battaglione del capitano Di Pietro partecipò sino all'ultimo alla difesa costiera, per proteggere evacuazione della popolazione civile. I pochissimi superstiti furono fatti prigionieri dei Russi e, con altri prigionieri dell'A.R.M.I.R., furono rimpatriati solamente nel 1947.

I superstiti del II Battaglione, che si trovava a Gothenafen nei pressi di Danzica, sostennero accaniti scontri contro le avanguardie russe, riuscendo però ad evacuare con imbarcazioni di fortuna via mare, evitando così la cattura.

Il III Battaglione si ritrovò, nell'aprile 1945, senza le attrezzature speciali nebbiogene e con gli effettivi di reparto fortemente ridotti; nonostante ciò, fu impegnato duramente in combattimenti contro truppe inglesi come normale fanteria e si arrese, a guerra finita, ad un reparto polacco.

Non sono noti dettagli sulla fine degli altri due Battaglioni Nebbiogeni.

Si concludeva così, tra fine aprile e inizio maggio del 1945, l'attività operativa dei genieri dei battaglioni nebbiogeni italiani in Germania, durata 30 mesi, iniziata con le stellette del Regio Esercito al bavero e la bandiera del Regno d'Italia e terminata con i gladi e la bandiera della Repubblica Sociale Italiana.

Quella dei battaglioni nebbiogeni fu una lunga attività poco pubblicizzata in Italia. Svolta con abnegazione e spirito di sacrificio venne molto apprezzata dall'alleato tedesco, sempre parco nel lodare il soldato italiano, che in questa occasione però seppe riconoscere la professionalità dei genieri nebbiogeni.

---

12 Groß Born è l'attuale città polacca di Borne Sulinowo, situata all'interno del Voivodato della Pomerania Occidentale. Dal 1945, a seguito della conquista da parte dell'Armata Rossa, l'area divenne una base militare sovietica, ed esclusa dalla giurisdizione polacca, fino all'ottobre del 1992 quando, a seguito del ritiro delle truppe sovietiche, la città ritornò a far parte della Polonia.

STORIA DEI REPARTI[13]

1. **Comando Truppe Nebbiogene**

Dislocazione: Wilhelmshaven (Stettino)
Feldpostnummer: 82665 (dal 7 marzo 1944)
Comandante:
- maggiore Giuseppe Calafiore
- colonnello I.G.S. (poi promosso generale) Carlo Fedi

Ufficiale Amministrativo: capitano Ruggero Altafini
Ufficiale di Orientamento Fascista (U.D.O.F.): tenente Primo Lavizzari[14]
Organico (gennaio – febbraio 1945)
5 ufficiali, 3 sottufficiali e 9 militari di truppa

Fu costituito nell'autunno del 1943 ed il suo comando fu affidato ad interim al maggiore Giuseppe Calafiore; comandante effettivo e definitivo fu il colonnello con funzioni di generale (poi effettivamente promosso generale) Carlo Fedi; era presente un Nucleo di Collegamento con l'OKW. Del personale del Comando Truppe Nebbiogene, del Nucleo di Collegamento e del Centro Addestramento, di stanza a Wilhelmshaven nell'aprile 1945, non si hanno notizie certe: da alcune testimonianze è probabile che siano stati coinvolti nei combattimenti insieme ai militari del III Battaglione e siano stati catturati dai polacchi.

2. **Centro Addestramento Truppe Nebbiogene (Ausbildungstager)**

Dislocazione: Wilhelmshaven (Stettino)
Feldpostnummer: 82665 (dal 7 marzo 1944)
Organigramma (gennaio – febbraio 1945)
- Compagnia Comando
- 51ª Compagnia

Organico (gennaio – febbraio 1945)
48 ufficiali, 38 sottufficiali e 171 militari di truppa

Dislocato a Wilhelmshaven (Stettino), si identifica con il Comando, di cui costituì, di fatto, la Compagnia Comando.

---
13 I dati inerenti agli organigrammi e gli organici sono riferiti al periodo gennaio – febbraio 1945 e sono desunti dalla "Relazione sull'attività di Gennaio e Febbraio 1945" della Missione Militare Italiana in Germania, unico documento ufficiale inerente al reparto, che presente una tabella di organico, che è stato reperito. Un altro organigramma è stato presentato da Giorgio Pisanò ne "Gli ultimi in Grigioverde", opera citata in bibliografia, e viene riportato alla fine del capitolo, anche se pare meno realistico e non è chiaro a che periodo possa essere riferito.
14 Assegnato ai Nebbiogeni del Baltico nell'autunno 1944.

A Wilhelmshaven numerosi militari italiani appartenenti ai Nebbiogeni parteciparono alla costruzione di un grande rifugio antiaereo, che doveva servire come protezione per la popolazione durante i bombardamenti. Non è chiaro se i Nebbiogeni impiegati fossero appartenenti al Centro Addestramento (più probabile) o al 3° Battaglione Nebbiogeni, ma è certo che furono coadiuvati dal lavoro di numerosi operai civili italiani, "prelevati" tra coloro che si trovavano in Germania come lavoratori coatti. Il bunker, tutt'ora esistente, presenta interessanti e peculiari caratteristiche. In primo luogo è di dimensioni molto grandi e vistose e, per questo motivo era stato costruito imitando la forma di una grande villa residenziale, in modo da mimetizzarsi in mezzo agli edifici circostanti (il bunker si trovava all'interno del centro abitato). Inoltre, era dotato di due ingressi, ciascuno dei quali protetti da opportuni ripari, e di due torri di ventilazione, che riproducevano la forma dei camini delle abitazioni civili, costruiti in cemento, anzichè in mattoni. Al termine della Seconda guerra mondiale il bunker non fu demolito, ma, anzi, con l'avvento della guerra fredda, si iniziarono apportate delle migliorie, per poterlo utilizzare anche in caso di attacco nucleare, mai del tutto completate. Con il passare degli anni, infatti, per motivi inspiegabili, la struttura perse mano a mano di interesse, fino ad essere abbandonata; il 12 ottobre 2011 il bunker è stato donato al comune di Wilhelmshaven, che sta portando avanti dal 2016 un progetto di riqualificazione, per potere riutilizzare la struttura con finalità sociali e culturali.

3. I Battaglione Nebbiogeno

Dislocazione: Swinemünde, presso la base navale di Usedom – Wollin
Feldpostnummer: 80178 (dal 27 maggio 1944 al 13 Luglio 1944) - 87688 (dal 26 Ottobre 1944)
Organigramma (gennaio – febbraio 1945):
- Plotone Comando
- 34ª Compagnia
- 35ª Compagnia

Comandante: capitano Raffaele Di Pietro
Comandanti di Compagnia:
- Compagnia Comando: capitano Cesare Maturi
- 34ª Compagnia: tenente Riccardo Magnani
- 35ª Compagnia: tenente Giuseppe Ponzetti

Aiutante Maggiore: tenente Giosuè Cuccurullo
Comandati di Sezione:
- sottotenente Cannella
- sottotenente Cafarelli
- sottotenente Cressi
- sottotenente Draghetti
- sottotenente Ferrara

- sottotenente Limberti
- tenente Lippera
- sottotenente Mantovanelli
- sottotenente Miazzi
- sottotenente Nerviani
- sottotenente Pagliari
- sottotenente Perlino
- sottotenente Redanò
- sottotenente Russo
- sottotenente Sallustri

Ufficiale Medico: tenente Carletta
Ufficiale d'Amministrazione: sottotenente Corposanto
Ufficiale interprete: tenente Carli
Ufficiale addetto al Comando di Battaglione: sottotenente Lenarduzzi
Organico (gennaio – febbraio 1945):
19 ufficiali, 29 sottufficiali e 418 militari di truppa

Il I Battaglione venne formato dal Comando Truppe Nebbiogene di Stettino nella primavera 1944 con specialisti già presenti in Germania e da reclute provenienti dalle file degli I.M.I., con un organico di oltre 400 militari, incorporando la 34ª e la 35ª Compagnia del II Battaglione Nebbiogeno, rinforzate da una terza Compagnia, che andò a formare il Comando, con militari tratti dal Campo di Addestramento Truppe Nebbiogene. Il comando del Battaglione fu affidato alla guida del capitano Raffaele Di Pietro.

Era dislocato a Swinemünde - Swinoujscie, presso la base navale delle isole di Usedom – Wollin, comandata dall'ammiraglio Lowe, piazzaforte che avevano assunto un'eccezionale importanza strategica, per la presenza della base delle V-1 e V-2 e dei ricoveri bunker della flotta sottomarina del Baltico. Il compito dei genieri italiani era di difendere da attacchi aerei, con annebbiamenti durante gli allarmi, sia la base per sommergibili del Baltico e sia le rampe di lancio dei missili V-1 (di competenza della Luftwaffe) e V-2 (di competenza dell'Herr), poste nell'estremo Nord dell'isola Usedom, a Karlshagen, presso uno dei siti missilistici diretti da Walter Dornberger e Wernher Braun, la base celebre di Peemenünde. Il reparto agiva in piena indipendenza tattica e disciplinare dai tedeschi ed era solamente collegato con il Comando della base navale di Usedom – Wollin, attraverso due Ufficiali di Collegamento.

Il I Battaglione Nebbiogeno ebbe anche una propria rivista periodica, "Il Saraceno", che veniva stampata con cadenza quindicinale.

Ai primi di aprile del 1945 il settore tenuto dal I Nebbiogeni risultava ancora libero dai nemici; su queste isole il Comando della Piazzaforte aveva predisposto un imponente sistema di fortificazioni, per la difesa ad oltranza di questo ultimo lembo di Germania; attraverso il mare erano affluite numerose forze navali tedesche, incluse alcune corazzate ed alcuni Uboot. Nelle settimane successive, il I Battaglione fu così coinvolto attivamente nella difesa delle posizioni all'approssimarsi dei nemici, tanto che l'ammiraglio Lowe, comandante la piazzaforte, citò più volte il reparto negli Ordini del Giorno, chiedendo, infine, un ultimo sacrificio al reparto: quello di tenere le posizioni fintanto che non si fosse completata l'evacuazione dei civili.

Nonostante l'avvicinarsi della fine, quando la Piazzaforte era assediata ormai dai russi e con il mare quale unica via di collegamento, il I Battaglione Nebbiogeno ricevette ancora una volta l'ispezione di alti ufficiali del Quartier Generale delle Forze Armate repubblicane, venendo citato come il migliore reparto combattente che aveva conservato inalterato il proprio spirito di disciplina, operosità ed aggressività, nonostante la lontananza dall'Italia e la situazione contingente al limite della sopportabilità. In quegli stessi frangenti lo stesso Mussolini volle inviare un telegramma al capitano Di Pietro, che ricevette anche un elogio da parte del Sottosegretario dell'Esercito Basile. A pochi giorni dall'ormai inevitabile crollo del fronte, anche il comandante delle Truppe Nebbiogene colonnello Fedi volle rivolgere un importante encomio al I Battaglione, per il proprio operato ed il proprio coraggio, riportato nell'Ordine del Giorno numero 49 del 19 aprile 1945. Di seguito il testo:

"COMPORTAMENTO DEL I. BATTAGLIONE

Il I. Battaglione già da tempo a contatto con il nemico e in difficili condizioni di vita in na Piazzaforte Marittima anche violentemente bombardata, si è ben comportato riprendendosi immediatamente dopo le conseguenze del bombardamento, continuando il proprio lavoro, con l'ardore e la disciplina che sono una sua particolare caratteristica.

Rivolgo un encomio al battaglione ed al suo comandante.

Rammento a tutti che nei momenti difficili si provano i caratteri e che non è con manifestazioni di terrore o preoccupazioni personali che si salva la propria posizione quando questa è difficile.

Solo con la dignità personale si può mantenere alto il proprio prestigio, quello dell'Esercito cui si appartiene e quello della nostra Patria, che sempre ed in ogni momento noi rappresentiamo.

A TUTTI RAMMENTO CHE NON BISOGNA MAI DUBITARE DEI DESTINI DELLA NOSTRA PATRIA.

Carlo Fedi

Colonnello con funzioni di Generale".

Facendo seguito all'elogio del colonnello Fedi, il capitano Raffaele di Pietro rivolse un proprio encomio ai suoi sottoposti con l'Ordine del Giorno straordinario numero 3 del 24 aprile 1945, apparso anche sulla rivista "Il Saraceno". Dopo avere citato integralmente le parole del comandante dei Battaglioni Nebbiogeni, rivolse queste parole ai suoi uomini:

"Tale elogio aggiunto al precedente ed alle due citazioni sull'ordine del giorno del Comando Germanico della Piazzaforte di Swinemunde, rappresenta un privilegio veramente unico del nostro Battaglione tra tutti i reparti nebbiogeni dell'Italia Repubblicana.

La nostra attività, modesta ma preziosa, silenziosa ma non misconosciuta, viene così ancora una volta premiata con il migliore dei premi: il compiacimento dei nostri Comandi che giunge al cuore ed all'animo d'ogni buon soldato come voce della patria, generosa e riconoscente per chi, ovunque e comunque, sappia dare tutto per essa.

All'encomio del Comando Truppe Nebbiogene aggiungo il mio compiacimento per tutti i miei uomini in genere ed in particolare per i Comandanti di Compagnia ed i Capi Postazione che, fra tutti, costituiscono l'ossatura dell'attività da essi richiesta e da essi svolta con intelligenza, volonterosità e disciplina.

Il I. Battaglione mantiene oggi il suo posto di combattimento con lo stesso spirito, con la stessa disciplina, con la stessa prestanza di ieri e di sempre; per me, personalmente, è particolare privilegio e fonte d'alta soddisfazione esserne il Comandante.

Miei soldati: voi avete compiuto onestamente e disciplinatamente il vostro dovere di fronte alla Patria, alla famiglia ed alla nostra coscienza. Comunque volgano le sorti della guerra voi tornerete in Patria con la fronte alta, con lo spirito sereno degli uomini onesti e con il nome d'Italia profondamente racchiuso nel vostro cuore.

Con uomini come voi l'Italia non potrà non essere libera grande, imperiale come il Destino l'aveva designata e come essa è realmente stata fino alle fatidiche, infami date del 25 luglio ed 8 settembre 1943.

Viva l'Italia!

IL CAPITANO
COMANDANTE DEL BATTAGLIONE   (Di Pietro Raffaele)"

L'evacuazione della popolazione civile poteva considerarsi conclusa negli ultimi giorni del mese di aprile, trasportate in sicurezza via mare ad Amburgo, grazie al costante impegno dei Nebbiogeni del I Battaglione. Il reparto continuò la sua strenua resistenza fino alla caduta della piazzaforte ed alla sera del 3 maggio 1945, dopo avere ammainato la propria bandiera ed avere distrutto tutte le proprie attrezzature, riuscì solo in parte ad imbarcarsi sull'ultima nave che lasciava le isole, che sarebbero state occupate poche ore dopo dalle truppe sovietiche, mentre le installazioni portuali venivano consumate da incendi ed esplosioni. Il I Battaglione Nebbiogeno fu l'ultimo reparto in armi della Repubblica Sociale Italiana ad ammainare la bandiera, al di fuori dei confini nazionali, sul suolo del Reich. I pochi sopravvissuti furono fatti prigionieri dai sovietici, per essere rimpatriati solo nel 1947.

4.   II Battaglione Nebbiogeno

Dislocazione: Gotenhafen (Danzica), con distaccamenti a Gollen e Pillau

Feldpostnummer: 39626 (tra settembre 1942 e il 9 marzo 1944) - 87056, 83035 e 86402 (dal 9 marzo 1944)

Organigramma (gennaio – febbraio 1945):
- Plotone Comando
- 29ª Compagnia
- 32ª Compagnia
- 33ª Compagnia
- 41ª Compagnia

Comandante:
- maggiore Giuseppe Calafiore
- capitano Lorenzo Altafini
- tenente Pasquale Molinari

Organico (gennaio – febbraio 1945)
30 ufficiali, 67 sottufficiali e 629 militari di truppa

Il Battaglione fu uno dei due reparti inviati in Germania nell'autunno del 1942 e fu schierato sul Mare Baltico, a difesa della vitale piazzaforte di Gotenhafen nella Prussia Orientale.

Nella primavera del 1944 cedette la 34ª e la 35ª Compagnia al I Battaglione Nebbiogeno in formazione. Fu l'ultimo dei Battaglioni Nebbiogeni a prestare giuramento alla Repubblica Sociale Italiana, il 22 giugno 1944 alla presenza del Comandante della M.M.I., colonnello Umberto Morera.: solo una parte dei suoi effettivi, infatti, aveva giurato nel febbraio dello stesso anno (probabilmente, stando alla documentazione reperita, solo gli effettivi della 32ª Compagnia). Da un documento conservato presso la National Archives and Records Administration (N.A.R.A.) sappiamo inoltre che la 29a Compagnia fu trasferita da Stettino a Gothenafen solo il 29 agosto del 1944, probabilmente dopo avere completato la propria formazione.

Sempre da documenti depositati presso la N.A.R.A., risulta che Gothenafen era protetta da un imponente sistema di difesa nebbiogeno nel 1944. L'intera zona era difatti coperta da *"615 postazioni tedesche e 72 postazioni italiane con nebbiogeni pronti all'uso"* (documento datato 1° maggio 1944).

A causa del vitale compito difensivo affidato al Battaglione, il Marincoberkommando Ostsee aveva distaccato presso l'unità un ufficiale di collegamento, Marineverbindungsoffizier beim 2. Italienischen Nebelbataillon

Nelle ultime settimane di guerra il Battaglione si concentrò presso la base di Gotenhafen, ormai gravemente danneggiata dai bombardamenti aerei e d'artiglieria sovietici. Qui, impegnato come un reparto di fanteria, mantenne le posizioni combattendo duramente contro i russi, insieme ai superstiti reparti tedeschi, imbarcandosi per porsi in salvo, evacuando via mare, quando ormai non c'era più speranza di capovolgere la situazione. In questo modo parte degli effettivi del reparto riuscì a raggiungere il suolo tedesco, mentre altri furono catturati, seguendo le vicende dei commilitoni del I Battaglione. Una piccola parte di Nebbiogeni del II Battaglione, invece, scelse di nascondersi tra la popolazione civile, aspettando l'arrivo dei soldati sovietici. Quando furono rintracciati, riuscirono a dimostrare che non erano stati in servizio con i tedeschi, ma militari italiani scappati dal campo di prigionia presente in zona. I tedeschi, infatti, facevano utilizzare, ai militari dei Battaglioni Nebbiogeni, l'indirizzo di posta dei vicini lager per scrivere a casa, utilizzando i servizi della Croce Rossa per inoltrare e ricevere la posta. Grazie a questo escamotage poterono rientrare insieme agli altri militari italiani liberati dai lager nell'estate del 1945.

5. **III Battaglione Nebbiogeno**

Dislocazione: Wilhelmshaven (Stettino), con un distaccamento a Emdem

Feldpostnummer: 00448 (dall'arrivo in Germania fino al 9 marzo 1944) – a partire dal 9 marzo 1944 81226 (per il Comando) – 83684 (per le Compagnie)

Organigramma (gennaio – febbraio 1945):
- Plotone Comando
- 38ª Compagnia
- 39ª Compagnia

Comandante:
- maggiore Madau,
- maggiore Minetti
- capitano Vatrella
- capitano Barattini

Comandanti di Compagnia:
- capitano Vatrella
- capitano Di Pietro
- sottotenente Vaccari[15]

Aiutante Maggiore: sottotenente Bellinzona

Comandati di Sezione:
- sottotenente Sbarbaro
- sottotenente Perlino
- sottotenente Ferlito
- sottotenente Borromeo
- sottotenente Ferrara
- sottotenente Mottironi
- sottotenente Fracasso
- sottotenente Lulli

Ufficiale Medico: tenente Villani

Ufficiale d'Amministrazione: tenente Galiano

Ufficiale interprete: capitano Pototschnig

Ufficiali addetti al Comando di Battaglione:
- tenente Damiani
- sottotenente Spinetta
- sottotenente Cilia

Organico (gennaio – febbraio 1945)

22 ufficiali, 39 sottufficiali e 477 militari di truppa

---
[15] Non sono noti i nominativi dei comandanti delle 2 Compagnie dislocate ad Emden.

Insieme al II Battaglione, il lII Battaglione fu inviato in Germania nell'autunno del 1942. Sin dal suo arrivo in Germania fu duramente impegnato dall'aviazione anglo-americana, che effettuò numerosi bombardamenti sulla base navale e nelle aree circostanti a Wilhelmshaven. Il Comando del III Battaglione Nebbiogeni si trovava all'interno del Fort Schaar, una vecchia struttura difensiva, risalente all'Ottocento. A partire dal 1876, infatti, iniziò l'edificazione di un complesso difensivo lungo l'alveo del fiume Maade, lungo il fianco nordoccidentale della città di Wilhelmshaven, complesso che avrebbe dovuto consentire la protezione della città da un eventuale attacco proveniente dal Mare del Nord. Fulcro della linea difensiva erano tre fortificazioni, Fort Rüstersiel, Fort Schaar e Fort Mariensiel. Durante la Grande guerra, la struttura di Fort Schaar fu poi integrata di una serie di bunker comunicanti, che dovevano offrire rifugio presso il portone di ingresso principale della fortezza. All'inizio della Seconda guerra mondiale, Fort Schaar subì un ulteriore ammodernamento e divenne sede del Zentrale des Flakgruppenkommandos der Luftverteidigung (Guartier Generale del Gruppo di difesa antiaereaerea), anche se la fortezza era già stata utilizzata per questi scopi durante la crisi dei Sudeti, ed a partire dalla fine del 1943 ospitò anche il Comando del 3° Battaglione Nebbiogeno italiano. Al termine del conflitto l'intero complesso delle fortificazioni di Wilhelmshaven fu demolito con esplosivi dalle truppe inglesi e l'area fu interessata nel 1976 da un progetto di riqualificazione, per la costruzione di un quartiere residenziale. Ancora oggi, però in un'area del parco giochi, si possono vedere alcune macerie, identificabili con resti delle casematte di Fort Schaar, costruite nel 1876.

Nei primi mesi del 1945, fu il primo dei Battaglioni a venire in contatto con le truppe nemiche, venendo decimato e privato delle attrezzature nebbiogene, andate distrutte. Nel mese di aprile, il III Battaglione, al comando del capitano Barattini si ritrovò a combattere come reparto di fanteria contro gli inglesi. Fu successivamente trasferito in un campo di raccolta arretrato per riorganizzarsi, dove, dopo avere sostenuto altri combattimenti, si arrese, insieme ai reparti tedeschi là presenti, alle truppe polacche aggregate ai britannici.

6. IV Battaglione Nebbiogeno

Dislocazione: Fedderwardergroden

Feldpostnummer: 83035 (dal 9 marzo 1944 fino al 20 dicembre 1944) - 81560 (dal 20 dicembre 1944) - 19348 (28ª Compagnia dal 3 febbraio al 9 Marzo 1944)

Organigramma (gennaio – febbraio 1945):
- Plotone Comando
- 28ª Compagnia

Organico (gennaio – febbraio 1945)
10 ufficiali, 26 sottufficiali e 255 militari di truppa

Costituito probabilmente nella tarda primavera del 1944, il IV Battaglione Nebbiogeno fu dislocato in una zona interna della Germania, in difesa di impianti industriali, probabilmente chimici. Nella citata relazione del 15 febbraio 1945 non c'è menzione del IV Battaglione, così come della 52ª Compagnia Autonoma. È presumibile che, a causa dell'avanzata sovietica, delle perdite subite e delle diserzioni, entrambi i reparti siano stati sciolti e il personale trasferito agli altri battaglioni.

7. V Battaglione Nebbiogeno

Dislocazione: Zeit, nei pressi di Lipsia
Feldpostnummer: 60482
Organigramma (gennaio – febbraio 1945):
- 40ª Compagnia – Swinemünde - organico 5 ufficiali, 23 sottufficiali e 204 militari di truppa
- 37ª Compagnia Autonoma – Emden - organico 8 ufficiali, 16 sottufficiali e 217 militari di truppa. Da un rapporto tedesco del 9 maggio 1944, risulta che questa Compagnia, almeno fino a quella data, era dislocata a Gothenafen, inserita nel sistema di difesa passiva della piazzaforte.
- 52ª Compagnia Autonoma – Fedderwardergroden - organico 5 ufficiali, 20 sottufficiali e 177 militari di truppa.

Organico (gennaio – febbraio 1945)
- 40ª Compagnia: 5 ufficiali, 23 sottufficiali e 204 militari di truppa
- 37ª Compagnia Autonoma: 8 ufficiali, 16 sottufficiali e 217 militari di truppa
- 52ª Compagnia Autonoma: 5 ufficiali, 20 sottufficiali e 177 militari di truppa.

Costituito probabilmente nella tarda primavera del 1944, il V Battaglione Nebbiogeno fu dislocato all'interno del territorio tedesco, a Zeit, nei pressi di Lipsia, a protezione dei vitali impianti petrolchimici, che producevano speciali benzine sintetiche per uso aeronautico. Il V Battaglione contribuì in modo fondamentale a difendere queste installazioni da un devastante attacco aereo inglese, definito da un testimone *"un vero oceano di fuoco"*[16] nella notte tra il 16 ed il 17 gennaio 1945. In particolare, la 52a Compagnia Autonoma Nebbiogeni riscosse l'ammirazione dei tedeschi per il coraggio con cui i militari repubblicani continuarono ad azionare i loro congegni durante tutta la durata dell'attacco.

8. Nucleo Servizio Ausiliario Femminile

Purtroppo, non è stato possibile reperire alcuna informazione inerente al Nucleo del Servizio Ausiliario Femminile in servizio presso i Battaglioni Nebbiogeni durante la Repubblica Sociale. Le poche immagini lasciano presupporre che presso ciascun Battaglione fosse presente un gruppo di Ausiliarie, ma si ignora la consistenza numerica (l'unico dato certo è che nell'ottobre 1944 il III Battaglione Nebbiogeno aveva almeno un gruppo di 4 Ausiliarie, poiché sono ritratte in alcune fotografie scattate dal reporter della Compagnia Operativa di Propaganda Attilio Viziano durante la sua visita ai reparti schierati nella zona di Peenemünde).

---

16 Cfr. *"Battaglioni Nebbiogeni della R.S.I. fino al 3 maggio 1945 in Nord Europa"* di Remo Zara in ACTA n° 21 (maggio/luglio 1993), Istituto Storico della RSI.

9. Organigramma secondo Giorgio Pisanò

Nella sua opera "Gli ultimi in Grigioverde" (confronta bibliografia), Giorgio Pisanò presenta un organico dei Battaglioni Nebbiogeni della Repubblica Sociale che si discosta da quello rilevato nella scarsa documentazione ufficiale reperita, sia per la dislocazione delle unità, sia per i reparti che costituivano i diversi battaglioni. Lo riportiamo per completezza di informazione, anche se ovviamente è più attendibile quanto rilevabile dalla "Relazione sull'attività di Gennaio e Febbraio 1945" della Missione Militare Italiana in Germania, sebbene quest'ultima si riferisca ai soli primi mesi del 1945.

- **Comando Truppe Nebbiogene** - Stettino
- **Campo di Addestramento Truppe Nebbiogene** - Stettino
- **I Battaglione Nebbiogeno** – Isole di Usedom - Wollin
  - Comando
  - Compagnia Comando
  - 34ª Compagnia
  - 35ª Compagnia
- **II Battaglione Nebbiogeno** - Gotenhafen
  - Comando
  - Compagnia Comando
  - 28ª Compagnia
  - 37ª Compagnia
- **III Battaglione Nebbiogeno** – Wilhelmshaven[17] - Emdem
  - Comando
  - Compagnia Comando
  - 38ª Compagnia
  - 39ª Compagnia
- **IV Battaglione Nebbiogeno** - Emdem
  - Comando
  - Compagnia Comando
  - 40ª Compagnia
  - 41ª Compagnia
- **V Battaglione Nebbiogeno** – Santa Hertagenhesch
  - Comando
  - Compagnia Comando
  - 50ª Compagnia
  - 51ª Compagnia
  - 52ª Compagnia
  - 73ª Compagnia

---

17 Wilhelmshaven era la principale base della Kriegsmarine sul Mare del Nord.

▲ A Wilhelmshaven i Nebbiogeni parteciparono alla costruzione di un bunker, che doveva servire per proteggere la popolazione dai bombardamenti. Il bunker, tutt'ora esistente e qui ritratto in una fotografia del 1984, era stato edificato in pieno centro abitato, assomigliava esteriormente ad un'abitazione, per mimetizzarsi con gli edifici adiacenti.

▲ Civili si affrettano a raggiungere il bunker per accedervi dall'ingresso di nord ovest, camuffato da veranda, durante un allarme aereo nel 1944.

▼ In una fotografia del 1950, sulla destra, si nota l'imponente mole del bunker costruito dai Nebbiogeni. E' evidente come la sagoma riprendesse quella degli edifici civili della Germania settentrionale e come il rifugio potesse essere facilmente scambiato per una normalissima abitazione privata.

▲ Uno dei due camini di ventilazione del bunker.

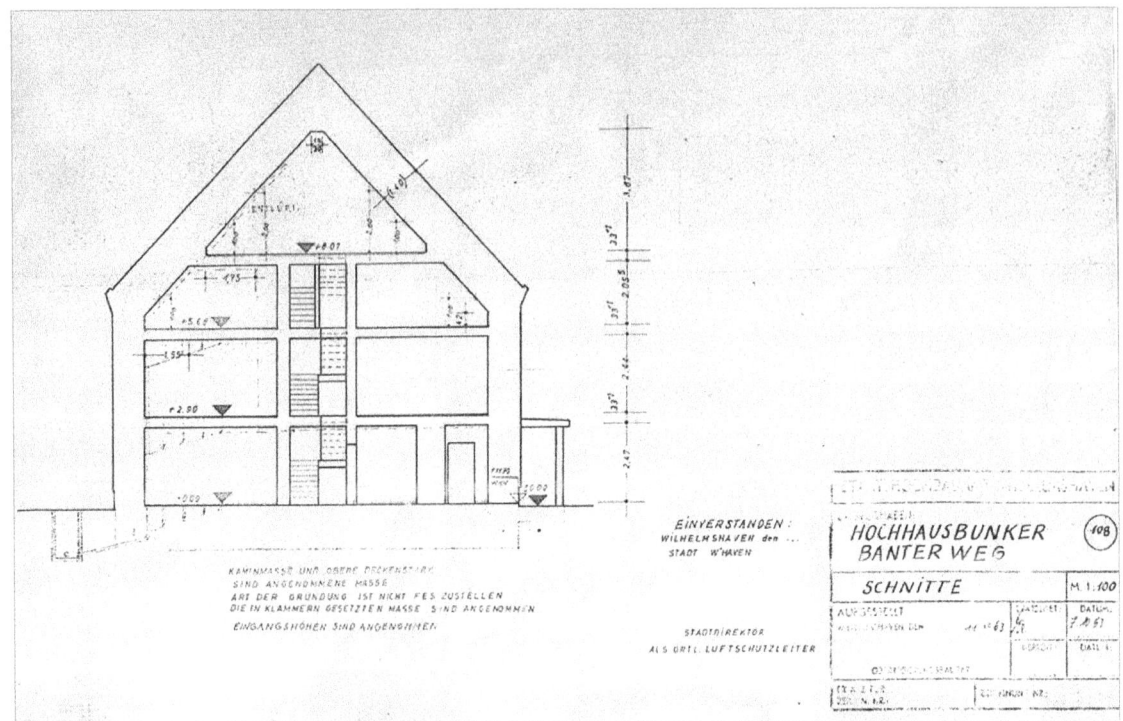

▲ Progetto del 1963 per l'ammodernamento del rifugio di Wilhelmshaven, affinchè potesse essere utilizzato in caso di attacco anche durante la Guerra Fredda.

▼ Dettaglio di una delle prese d'aria sul camino di aereazione.

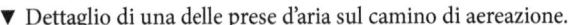

▲ La porta di accesso al bunker adiacente al camino delle foto precedenti.

▼ La stessa porta vista dall'interno.

▲ Fort Schaar a Wilhelmshaven in una fotografia del periodo bellico.

▼ Un'altra immagine delle installazioni del Forte Schaar, fotografate dopo una nevicata.

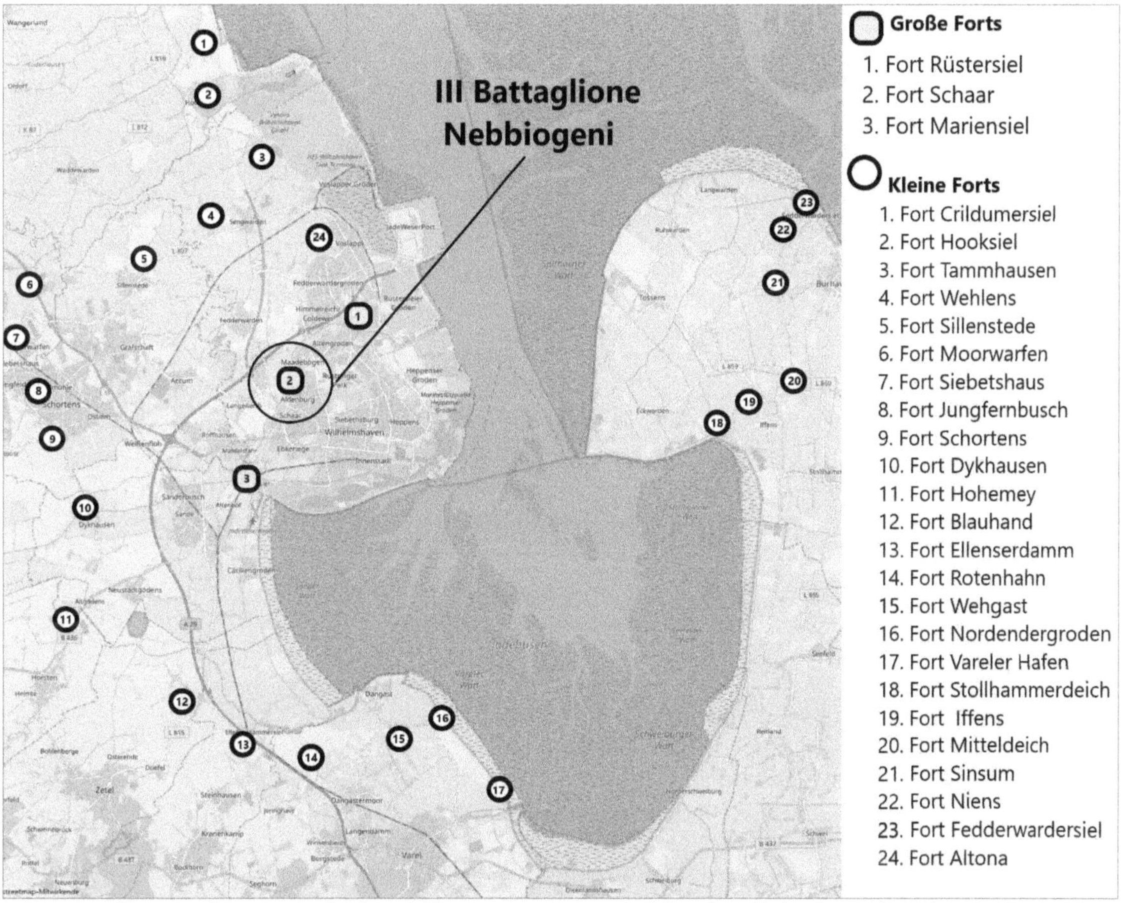

III Battaglione Nebbiogeni

Große Forts
1. Fort Rüstersiel
2. Fort Schaar
3. Fort Mariensiel

Kleine Forts
1. Fort Crildumersiel
2. Fort Hooksiel
3. Fort Tammhausen
4. Fort Wehlens
5. Fort Sillenstede
6. Fort Moorwarfen
7. Fort Siebetshaus
8. Fort Jungfernbusch
9. Fort Schortens
10. Fort Dykhausen
11. Fort Hohemey
12. Fort Blauhand
13. Fort Ellenserdamm
14. Fort Rotenhahn
15. Fort Wehgast
16. Fort Nordendergroden
17. Fort Vareler Hafen
18. Fort Stollhammerdeich
19. Fort Iffens
20. Fort Mitteldeich
21. Fort Sinsum
22. Fort Niens
23. Fort Fedderwardersiel
24. Fort Altona

▲ Mappa raffigurante la posizione dei forti dell'imponente sistema di difesa di Wilhelmshaven; è evidenziata la posizione del Comando del III battaglione Nebbiogeni.
▼ Resti di bunker nella zona di Usedom-Peenemunde

▲ Personale femminile della Luftwaffe addetto alle telecomunicazioni fotografato all'interno di Fort Schaar durante la guerra.

▼ Le rovine del Forte di Schaar fotografate al termine della Seconda guerra mondiale. Come si può vedere, la demolizione dell'imponente compelsso non era stata ancora completata dalle truppe britanniche, ma l'immagine permette di apprezzare l'imponente struttura muraria dell'edificio.

▲ Dove sorgeva Fort Schaar è stata eretta una stele commemorativa della presenza della fortezza, costruita tra il 1876 ed il 1882. Su ciascun lato della base dela stele si trovano interessanti informazioni relative a questa imponente opera di difesa.

▲ Cartolina originale reparto nebbiogeno territoriale

▼ Busta di un soldato del reparto nebbiogeno. Questi annulli sono assai ricercati dai colleznisti.

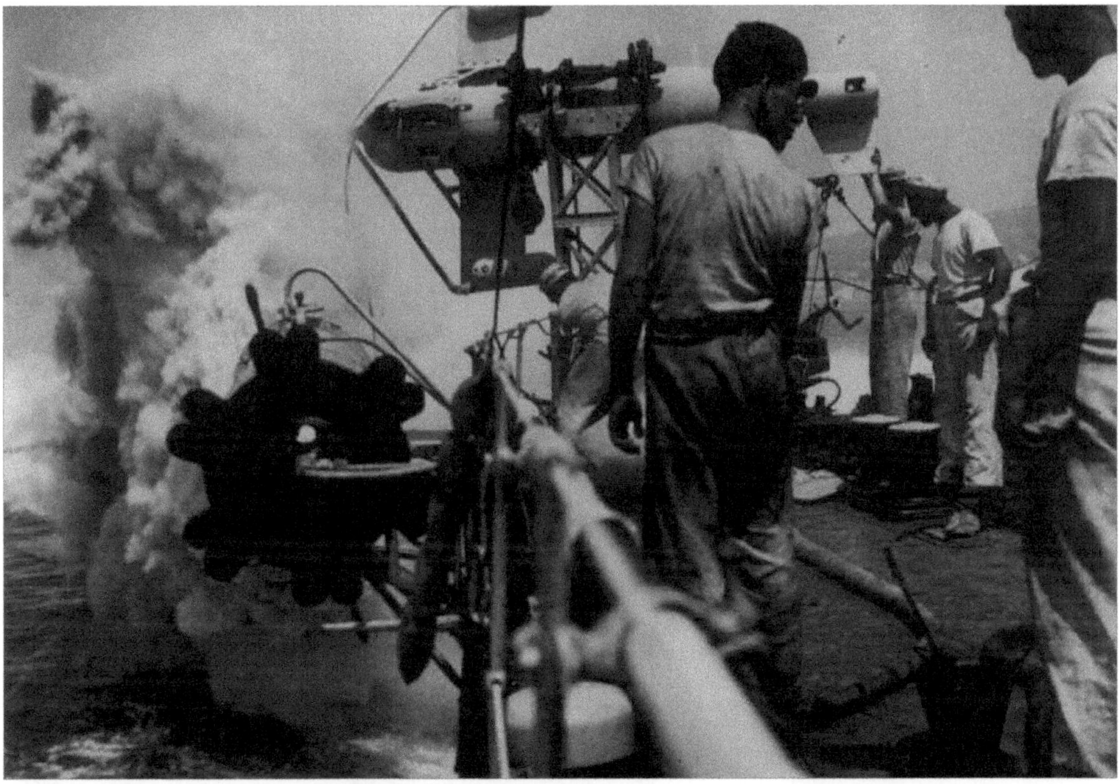

▲ Unità nebbiogeni sperimentali operative anche su mezzi navali

▼ Wilhelmshaven fu fondata nel 1869 come porto militare del regno di Prussia. Rivestiva quindi una importanza strategica nella seconda guerra mondiale. La dislocazione dei reparti nebbiogeni in città non era casuale..

▲ ▼ Viste aeree dei risultati ottenuti dai bombardamenti alleati su Wilhelmshaven

CADUTI

Il seguente elenco riporta i nomi dei caduti dei Nebbiogeni del Baltico del periodo post – Armistiziale. Risulta un totale di 70 caduti, che, per reparti così esposti alle offensive nemiche, è tutto sommato abbastanza contenuto. Non è stato invece possibile reperire i nominativi dei caduti del periodo antecedente l'8 settembre 1943.

Comando Truppe Nebbiogene
- Aldrovandi Dino, geniere, morto il 27 marzo 1945 a Gotenhafen
- De Benedetti Donato, geniere, morto il 26 marzo 1945 a Danzica
- Tronconi Francesco, geniere, morto il 17 aprile 1944 a Stettino
- Viglione Pasqualegeniere, morto il 27 marzo 1945 a Danzica

Centro Addestramento (Ausbildungstager)
- Magnani Walter, geniere, morto il 17 dicembre 1943 a Stargard

I Battaglione Nebbiogeno
- Bassani Pierluigi, sergente, morto il 31 maggio 1944 sull'isola Usedom-Wollin.
- Bruschi Giovanni, geniere, morto il 20 agosto 1944.
- Burroni Luigi, geniere, morto il 12 marzo 1945 a Swinemünde.
- Catellani Enzo, geniere, morto il 12 marzo 1945 a Swinemünde.
- Fanetti Siro, geniere, morto il 26 agosto 1944 sull'isola Usedom-Wollin.
- Favaretto Remo, geniere, morto il 24 febbraio 1944 a Danzica.
- Fernandez Giovanni, geniere, morto il 13 febbraio 1944 a Dresda.
- Franchi Spartaco, geniere, morto il 24 dicembre 1943 a Stettino.
- Fraticelli Ferrero, geniere, morto il 18 marzo 1944 a Stettino.
- Fumi Cesare, geniere, morto il 7 agosto 1944 a Stettino.
- Gualandi Ildo, geniere, morto 26 agosto 1944 sull'isola Usedom-Wollin.
- Maitti Angelo geniere, morto il 15 febbraio 1945 a Stettino.
- Mancini Francesco, geniere, morto il 30 novembre 1944 a Stettino.
- Mattesi Salvatore, geniere, morto il 20 febbraio 1944 a Danzica.
- Recalcati Giuseppe, geniere morto il 13 aprile 1945 a Stendal.
- Ripamonti Giovanni, geniere, morto il 29 maggio 1944 1944 a Stettino.
- Tosi Ottorino, sergente, morto il 12 marzo a Swinemünde.

II Battaglione Nebbiogeno
- Bardelli Remo, geniere, morto il 2 febbraio 1945 a Stettino.
- Burrini Elio, geniere, morto il 1° marzo 1944 a Memel.
- Calvelli Oscar, geniere, morto il 10 febbraio 1945 a Gotenhafen.
- Cannizzaro Francesco, geniere, morto il 20 febbraio 1945 a Stettino.
- Casella Antonio, geniere, morto il 13 febbraio 1945 a Stettino.
- Cavedoni Ezio, geniere, morto il 14 gennaio 1945 a Stettino.
- Corsini Pietro, geniere, morto il 16 ottobre 1944 a Stettino.
- Fornelli Ageo, geniere, morto il 20 giugno 1944 a Stettino.
- Fossaroli Primo, geniere, morto il 10 ottobre 1944 a Stettino.
- Lauci Giuseppe, caporale, morto il 30 agosto 1944 a Stettino.
- Lobosco Italo, caporale, morto il 24 novembre 1943 a Pillau.

- Longo Antonio, geniere, morto il 20 giugno 1944 a Stettino.
- Magni Giacomo, geniere, morto il 19 marzo 1945 a Danzica.
- Paolini Renzo, geniere, morto il 19 marzo 1945 a Danzica.
- Pasin Nereo, geniere, morto a Berlino il 25 aprile 1945; espletava funzioni di autiere, probabilmente si trovava a Berlino con la Missione Militare Italiana e non era riuscito ad evacuare con i commilitoni.
- Pastorino Fortunato, geniere, morto il 20 giugno 1944 a Stettino.
- Perini Gino, geniere, morto il 17 aprile 1944 a Stettino.
- Ranieri Nunziato, geniere, morto il 30 agosto 1944 a Stettino.
- Salvi Alberto, caporale, morto il 12 settembre a Gotenhafen.
- Uccellini Elio, geniere, morto il 19 dicembre 1944 a Gotenhafen.
- Venturelli Carlo, geniere, morto il 20 aprile 1944 a Stettino.
- Zanoli Pietro geniere, morto il 31 marzo 1945 a Stettino.
- Zumbo Pasquale, geniere, morto il 30 agosto 1944 a Stettino.

III Battaglione Nebbiogeno
- Barbieri Marino, caporale, morto il 23 aprile 1994 a Wilhelmshaven
- Conedera Luigino, sergente maggiore, morto il 1° gennaio 1944 a Groninga
- Garagnani Corrado, geniere, morto il 20 luglio 1944 a Goerlitz
- Gerelli Pietro, geniere, morto il 21 gennaio 1045 in Ospedale a Brodnica
- Pacento Nunziato, geniere, morto il 3 aprile 1944 sull'isola di Wollin

IV Battaglione Nebbiogeno
- Baldi Fernando, geniere, morto il 14 febbraio 1945 a Goerlitz
- Coppola Giuseppe, geniere, morto il 14 febbraio 1945 a Goerlitz
- Frattaroli Davide, geniere, morto i 19 settembre 1944 a Swinemuende
- Laudadio Vito, caporale, morto il 5 maggio 1944 a Goerlitz
- Lipera Antonino, geniere, morto l'11 agosto 1944 a Oderthal
- Frattaroli Davide, geniere, morto i 19 settembre 1944 a Swinemuende

V Battaglione Nebbiogeno
- De Angelis Agostino, geniere morto il 23 marzo 1944 a Goerlitz
- Facchin Elleno, geniere, morto il 7 gennaio 1945 a Przewoz
- Bramati Ambrogio, geniere morto il 7 settembre 1944 a Goerlitz
- Ghinassi Gino, geniere morto il 2 dicembre 1944 a Goerlitz
- Gioia Tarciso, geniere morto il 11 marzo 1945 a Goerlitz
- Marzi Mario, geniere morto il 8 giugno 1944 a Goerlitz
- Villa Carlo Giuseppe, geniere morto il 28 marzo 1945 a Friedhof

Caduti di cui non si conosce il Battaglione di appartenenza
- Alberti Luigi, sergente, morto l'8 ottobre 1944 in località sconosciuta della Germania
- Bazzoni Guido, geniere, moto il 4 maggio 1945 a Swinemünde
- Mussio Angelo, sergente, morto il 21 giugno 1944 nel Feldlazaret di Goerlitz
- Olivo Guido, tenente, morto il 17 settembre 1944 Altengrabow
- Pollini Mario, caporalmaggiore, morto il 27 febbraio in località sconosciuta della Germania
- Raffa Raffaele, geniere, morto per stenti il 22 giugno mentre si trovava in prigionia ad Amersfoort (Olanda)
- Wiedemann Carlo, geniere, morto il 2 marzo 1945 a Stettino

UNIFORMI DEI NEBBIOGENI

I nebbiogeni presenti in Germania a difesa dei porti sul Baltico indossavano l'uniforme grigioverde del Regio Esercito: bustina, camicia, giacca, pantaloni, fasce mollettiere e cappotto in panno grigioverde.

In quanto reparti chimici erano inoltre dotati di indumenti speciali ed equipaggiamenti protettivi di varia natura (tute e guanti in gomma, maschere, occhiali, eccetera). Era in dotazione anche l'elmetto grigioverde, spesso con il fregio dei chimici stampigliato in nero. I militari disponevano anche di tute da fatica monopezzo, identiche a quelle impiegate anche da carristi e meccanici.

Dopo l'Armistizio, i Nebbiogeni continuarono sostanzialmente a portare la vecchia uniforme grigioverde, ma non mancarono forniture di capi di nuova fattura, soprattutto i cappotti di taglio simile a quello delle Forze armate tedesche, sempre in panno grigioverde. Anche gli indumenti protettivi non cambiarono e si continuò ad utilizzare le dotazioni già in possesso.

A questi battaglioni erano aggregate alcune Ausiliarie del Servizio Ausiliario Femminile, che portavano una uniforme grigioverde, composta da giubba, con un taglio simile alla sahariana, e gonna lunga sotto il ginocchio.

Al bavero erano portate delle mostrine, costituite da una coppia di fregi, formati da due scuri incrociate (manico marrone e lame bianche) e cinque fiamme in rayon rosso. Sopra di esso veniva posto il gladio metallico, anche se risulta che, almeno fino all'ottobre del 1944, un certo numero di militari continuò ad indossare sulle mostrine le stellette del Regio Esercito.

Dopo l'Armistizio il copricapo adottato era il berretto a busta, principalmente il modello con visiera, anche per le Ausiliarie. Il fregio del berretto era costituito da una granata fiammeggiante; il bordo della granata era esagonale in argento, la fiamma ed il corpo della granata in nero, al centro della granata vi era una croce argentata. Il tutto era ricamato su panno grigioverde. I distintivi erano comuni a tutti, ufficiali, sottufficiali, truppa ed Ausiliarie; solo alcune di queste ultime avevano il fregio del S.A.F. sul berretto, ma la maggioranza di esse aveva quello dei nebbiogeni. I distintivi di grado erano quelli propri dell'E.N.R. (portati sulle maniche e sul lato sinistro del berretto) e del S.A.F. per le Ausiliarie.

IL SERVIZIO CHIMICO DELLA R.S.I.

L'Arma del Genio della Repubblica Sociale Italiana poté contare su un numero limitato di Reparti Chimici: il Centro Approvvigionamento del Servizio Chimico, ad Asolo (TV) ed il Deposito Truppe Chimiche a Verona.
Secondo la relazione dello Stato Maggiore dell'Esercito "*Situazione Comandi ed Enti Territoriali vari*" del 5 agosto 1944 sarebbe stato in attività anche un Reparto Nebbiogeno presso il porto di Genova, con il compito di proteggere l'importante e strategico porto, con una forza di 22 uomini.

Centro Approvvigionamento del Servizio Chimico
Dislocazione: Asolo (TV)
Posta da Campo: n° 845
Organico: 6 ufficiali, 23 sottufficiali e 68 militari di truppa

Fu costituito già il 30 settembre 1943; non si hanno ulteriori notizie.

Deposito Truppe Chimiche
Dislocazione: Verona
Posta da Campo: n° 857
Organico: 4 ufficiali, 4 sottufficiali e 25 militari di truppa

Costituito il 30 settembre 1943, fu successivamente sciolto ed assorbito nel 27° Deposito Misto della stessa città il 15 ottobre 1944. Il Deposito formò delle unità, dislocate nella Valle dell'Adige, deputate alla difesa passiva con annebbiamenti della Ferrovia del Brennero e fornì i complementi per i 5 Battaglioni Nebbiogeni del Baltico.

TESTIMONIANZE

Lettera inviata alla famiglia da una recluta di un Battaglione Nebbiogeno del Regio Esercito

Interessante il contenuto di questa lettera inviata da una recluta del II Battaglione Nebbiogeno all'inizio di giugno del 1943. Il militare, di cui è stato omesso il cognome per privacy, in questa manciata di righe indirizzate ai familiari, si esprime in maniera tutto sommato entusiastica a riguardo della nuova situazione e dell'accoglienza ricevuta dalla popolazione locale, nonostante la distanza dalla famiglia e dall'Italia. Si riesce però a percepire quanto sia stato lungo il viaggio necessario a raggiungere le posizioni sul Mar Baltico:

"Feldpost, mercoledì 2-6-43

Carissimi, questa mattina - dopo avere attraversato un bel po' di questo paese - sono giunto a sistemazione. Sto bene; mi sto mettendo a posto per poi riposarmi, che ne ho proprio bisogno. Son sicuro che mi troverò bene in tutto. Voi scrivetemi subito e sempre a questo preciso indirizzo:

Ufficio Italiano Collegamento
Comando W.T.S. - P.M. 145

Datemi notizie di tutto; io vi scriverò due volte la settimana, anzi, se possibile, tre. Qui siamo ospitati bene, dappertutto abbiamo trovato gentilezza.
Però abbiamo cominciato con le patate!
Vi abbraccio - Vostro Nino".

Sottotenente Rodolfo Corposanto – I Battaglione Nebbiogeno
Il sottotenente pugliese Rodolfo Corposanto, al momento dell'Armistizio era ufficiale presso il Reparto Amministrazione di Avio (TN). Fatto prigioniero ed internato nel Gulag 132, campo di raccolta organizzato dai tedeschi nel convento caserma del Gradaro di Mantova, insieme ad altri due ufficiali subalterni del suo stesso reparto fu tradotto a Przemysl, nella Polonia precarpatica al confine con l'Ucraina, come Internato Militare Italiano, poiché non aveva aderito alla Repubblica Sociale. Nel gennaio 1944 fu trasferito nel Mannschaftsstammlager-Stalag 327 a Nerika-Pikulce e, successivamente, in Pomerania nello Stalag 313 di Hemmerstein-Czuluchow presso Konitz-Chojnice, dove decise di aderire alla R.S.I., seguendo il Maggiore delle Truppe Chimiche Giuseppe Calafiore. Dopo avere ultimato un periodo addestrativo, Corposanto fu inviato per una missione, durata quattro giorni a Memel, sul Mar Baltico lituano, per aggiornare sulla gestione amministrativa i militari di quel Distaccamento del II Battaglione Nebbiogeno, ed infine lasciò Stettino, perché assegnato al Servizio d'Amministrazione del I Battaglione. L'ufficiale insediò il suo ufficio di contabile e di cassiere del reparto ad Heringsdorf, nei pressi della località balneare Ahlbeck sull'isola di

Usedom, la più grande tra la Laguna di Stettino e il Mar Baltico. Trascorse 11 mesi in riva al Baltico, che lui descrisse *"piacevoli e vantaggiosi"*: con l'aiuto di tedeschi, si fornì, infatti, di un falso attestato di prigioniero di guerra, tramite la Delegazione berlinese del Comitato Internazionale della Croce Rossa, grazie al quale poté inviare e ricevere scritti a Barletta, allora in territorio "nemico", via Lisbona-Ginevra.

Quando l'8 marzo 1945 i sovietici raggiunsero Stettino, non seguì le aliquote dei servizi del Battaglione, che si trasferivano verso Ovest, né rimase con i Genieri, che continuavano a proteggere le basi dell'isola di Usedom, sotto attacco da Est, ma si rifugiò nell'abitazione di un nazionalsocialista compiacente del luogo.

Eliminata la propria uniforme, si tenne celato nel suo nascondiglio, venendo però arrestato dai sovietici alcune settimane dopo la fine della guerra, scampando però alla prigionia, raccontando un improbabile storia da prigioniero di guerra, utilizzando i falsi moduli del Comitato Internazionale della Croce Rossa in suo possesso come prova. Ad inizio settembre 1945, tentato dal ritorno a casa, raggiunse Berlino e, seguendo l'onda dei numerosi lavoratori e combattenti italiani che, per salvarsi, fece professione di antifascismo di fronte alle autorità americane. Dal campo di raccolta per rimpatriandi di Stargard-Szczecinski, presso Stettino, raggiunse l'Italia e la Puglia. Di seguito alcuni stralci di una sua memoria, "Combattente per la libertà d'Italia 1943-45", pubblicata nel 1993:

"Nella nuova sede cambiò quasi totalmente la mia vita. Innanzitutto prendevo contatto con militari (ufficiali e soldati) italiani che non avevano la minima idea delle peripezie e dei disagi che avevano caratterizzato il nostro post 8 settembre 1943, ed in particolare il periodo trascorso in prigionia nei Lager (così venivano chiamati i campi di concentramento) tedeschi. Per costoro sembrava quasi che l'8 settembre 43 fosse stato un giorno come gli altri, tanto è vero che per nessuno di loro si era posto il drammatico problema dell'adesione al nuovo regime in Italia, così come si era presentato a noi prigionieri dei tedeschi. Tutti, infatti, si trovarono dall'altra parte ed in una nuova condizione di sudditanza militare senza eccessivi traumi e direi, anzi, senza accorgersene. La cosa poteva spiegarsi in larga parte per le abitudini di ognuno, per i rapporti interpersonali fra i componenti dei reparti e probabilmente anche per le amicizie che si erano create col mondo civile circostante, così come ebbi poi modo di verificare nei giorni seguenti. L'adattamento alla nuova vita fu per me veloce e agevole. Passare dal letto a castello nelle baracche al comodo letto in stanza singola arredata in un palazzo che aveva tutte le caratteristiche di essere adibito, in tempo di pace, ad albergo era cosa che andava al di là di ogni previsione tutto questo naturalmente rallegrava lo spirito. Si aggiunga che quel palazzo, adibito a sede del comando del reparto nebbiogeno, si trovava in riva al mare in una zona balneare del mar Baltico, paragonabile alle nostre famose spiagge si Rimini, Riccione ed altra, distante 5 - 6 chilometri da Swinemünde, ove era stanziato il reparto con le attrezzature nebbiogene, e si ha una sufficiente idea del cambiamento al quale io venivo a trovarmi. La cittadina ed il palazzo si chiamano: Ahlbeck ed Haus Ostende. [...]

Il comando del reparto nel suo insieme era affiancato da un ufficio cosiddetto di collegamento, composto da un maggiore, un sottotenente e due soldati tedeschi che avevano appunto il compito di collegare i servizi resi dai militari italiani con l'organizzazione civile e militare tedesca. I due ufficiali tedeschi parlavano abbastanza bene l'italiano ed erano stati assegnati lì proprio per questa loro caratteristica.

Dopo alcuni giorni di rodaggio io presi netto possesso delle mie funzioni e mi abituai presto alla nuova vita. Eravamo già in avanzata primavera dell'anno 1944 [...].
Mentre ero ad Ahlbeck, le lettere potevamo spedirle tramite un altro campo di concentramento situato in quella zona. Era un trucco studiato dai tedeschi per consentirci di avere contatti epistolari con le famiglie nelle zone dell'Italia occupata dagli Americani. Le lettere, infatti, viaggiavano per tramite della Croce Rossa internazionale alla quale facevano capo anche le risposte delle famiglie a mezzo dei moduli che noi stessi spedivamo unitamente alle lettere scritte. Ovviamente c'era di mezzo la solita censura, motivo per cui noi davamo notizie vaghe, ed infatti soltanto al ritorno in Italia io poi spiegai ai miei come erano realmente andate le cose in Germania"[18].

Capitano Raffaele Di Pietro – Comandante del I Battaglione Nebbiogeno
"I Battaglioni Nebbiogeni avevano il normale armamento di fanteria: disponevano in più delle speciali attrezzature nebbiogene (fusti di cloridrina solforica – speciali tute – maschere – stivali – ecc.). Gli annebbiamenti variavano naturalmente di giorno in giorno (e di notte in notte) sia come numero che come durata: nelle zone maggiormente esposte all'offensiva nemica si effettuavano in media 3 o 4 annebbiamenti nelle 24 ore. Durata media di ciascun annebbiamento: 1 – 3 ore"[19].

Tenente Attilio Viziano – Compagnia Operativa di Propaganda
Il tenente Attilio Viziano era un operatore fotografo della Compagnia Operativa Propaganda delle Forze armate repubblicane. Inviato in Germania per seguire un periodo di addestramento presso il campo di Heuberg, fu destinato a Berlino, dove completò la formazione presso la sede delle Propagandakompanie. Da qui compì una serie di viaggi nel Paese, alla ricerca dei militari italiani in servizio nella Wehrmacht. Viziano giunge a Peenemünde nel mese di ottobre del 1944, accompagnato da un capitano delle PK, e si ferma 2 giorni per visitare il complesso segreto dove si costruiscono le V-2. Visita le fabbriche costruite all'interno di enormi caverne, scavate da migliaia di lavoratori coatti e prigionieri provenienti da ogni parte d'Europa, e vede le rampe di lancio con i missili pronti per essere lanciati. Vede le migliaia di lavoratori costretti a lavorare all'interno delle varie fabbriche in condizione di schiavitù, con l'unica consolazione di avere per lo meno un pasto garantito come compenso. Al momento della visita, Peenemünde non ha ancora subito quel quei micidiali bombardamenti che la raderanno al suolo pochi mesi più tardi, all'epoca i danni prodotti dall'offensiva aerea alleata sono scarsi. Scatta inoltre numerose fotografie degli interni del complesso segreto, fotografie che saranno sequestrate a Berlino e che rischieranno di costare caro a Viziano, ma che una volta chiarito l'equivoco saranno restituite. Viene anche in contatto con i militari italiani dei Battaglioni Nebbiogeni, schierati nell'area a difesa delle installazioni tedesche. Si tratta di alcune migliaia di italiani che hanno scarsi o nulli contatti con l'Italia, che alcune famiglie pensano ormai caduti o dispersi in quella grande fornace che è la guerra nell'Europa dell'Est. Viziano si offre quindi di provvedere lui all'invio della posta in Italia, compito che svolgerà non appena rientrato a Berlino. Nella sua testimonianza, Vi-

---
18 Da "ACTA" n° 72 (maggio/luglio 2010), Istituto Storico della RSI, opera citata in bibliografia.
19 Da una lettera del 12 settembre 1967 inviata a Pieramedeo Baldrati, che si occupò della ricerca della documentazione per la famosa opera in più volumi "Gli ultimi in grigioverde", edita alla fine degli anni '60 del secolo scorso, a firma di Giorgio Pisanò.

ziano parla della presenza di due Reggimenti di Nebbiogeni, anche se i documenti citati nel testo permettono di dare la reale consistenza dei militari inquadrati nei Reparti Nebbiogeni sul Baltico agli ordini dei tedeschi.

"Il mio viaggio in Prussia orientale continuò, e facevo questo viaggio perché avevamo saputo che esistevano in quella regione dei reparti italiani. E li trovai: proprio nei dintorni di Peenemünde, verso Stettino. Si trattava di due reggimenti italiani al completo, ancora con le stellette (i militari della RSI non portavano le stellette, portavano il gladio. Trovai questi due reggimenti, che erano dei reparti chimici speciali, cioè nebbiogeni, quelli addetti a creare banchi di nebbia artificiale per occultare obiettivi militari (nella fattispecie le fabbriche delle V-2 [...]), per impedire agli aerei inglesi ed americani di individuare i loro bersagli. Questi due reggimenti erano dislocati a Stettino già da prima dell'8 settembre: e continuarono il loro lavoro come se nulla fosse accaduto. L'unico problema era stato che avevano perso ogni contatto con le autorità italiane. Seppi poi, dopo la guerra, che questi due reggimenti erano rimasti a Stettino anche dopo l'avanzata dei russi, come truppe di copertura alla ritirata dei tedeschi, ed erano finiti (i non molti superstiti) prigionieri dei russi"[20].

Marò Remo Zora - Divisione "San Marco", addetto alla Missione Militare Italiana in Germania

Il marò Remo Zora della Divisione "San Marco" fu destinato alla Missione Militare Italiana in Germania e si trovò ad accompagnare, con funzione di scorta, alcuni alti ufficiali in diverse visite a reparti composti da militari italiani. Una di esse lo portò a Stettino, dove assistette al giuramento del II Battaglione Nebbiogeno, ultimo reparto a compiere questa cerimonia il 22 giugno 1944.

"Mare Baltico, Stettino, 22 giugno 1944. Sotto un cielo colore latte, un grumo grigioverde, usato, logoro, indistinto.
È il II Battaglione nebbiogeno della RSI: 130 ufficiali, 49 sottufficiali, 184 soldati. Un totale di 363 uomini schierati in armi in attesa della cerimonia del giuramento di fedeltà. Le Forze Armate della Repubblica avevano giurato, in Italia, sino dal 9 febbraio 1944, anniversario della primigenia Repubblica Romana. Il II battaglione no, non aveva ancora giurato.
Alta, sul pennone, una larga bandiera bianco - rosso - verde con la nera aquila repubblicana sembra gemere sotto la sferza del forte vento da Est.
Su di una Lancia Ardea scura a carbonella, giungono il colonnello S.S.M. Morea, capo della Missione Militare Italiana e la sua scorta formata da un ufficiale, da un sergente del Corpo Autieri e da me, marò San Marco.
Il grumo grigioverde si anima, presenta le armi. Ordini secchi, frutto di abitudine antica, di disciplina vissuta. Inizia la breve, scarna cerimonia. Fa un effetto strano vedere, accanto al grumo grigioverde, un gruppo di militari della Kriegsmarine rendere gli onori alla bandiera italiana: sono passati solo 8 mesi dall'8 settembre.
Sotto i vecchi elmetti già in dotazione al Regio Esercito, si scorgono i volti degli uomini. Volti di meridionali, lavorati da una fame e da una fatica di secoli. Volti di pescatori liguri, di con-

---

[20] Da "Attilio Viziano – Ricordi di un corrispondente di guerra" di Bobbio Roberto, Cucut Carlo, opera citata in bibliografia.

▲ Ufficiali in servizio nei Battaglioni Nebbiogeni del Baltico, fotografati di fronte davanti alle baracche che fungevano da alloggio del campo di Swinemünde. Si riconoscono, da sinistra, due sottotenenti, un capitano, un tenente ed un terso sottotenente. È molto interessante la varietà di giubbe indossate dai militari, su tutte, al bavero, le mostrine peculiari dei Nebbiogeni (g.c. Archivio Viziano).

▼ Capitano dei Nebbiogeni in Germania: dovrebbe trattarsi del capitano Vatrella, comandante del III Battaglione Nebbiogeni al momento della visita di Attilio Viziano. L'ufficiale indossa la nuovissima giubba modello 1944, le peculiari mostrine del reparto ed il fregio del berretto dei reparti chimici (g.c. Archivio Viziano).

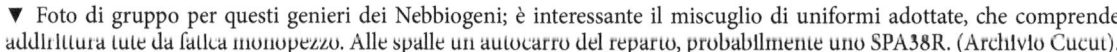

▲ Gruppo di Ausiliarie in servizio presso i Battaglioni Nebbiogeni: da notare che solo due di esse hanno sui baveri dei cappotti la mostrina completa dei reparti Nebbiogeni, mentre le altre hanno i soli gladi (g.c. Archivio Viziano).

▼ Foto di gruppo per questi genieri dei Nebbiogeni; è interessante il miscuglio di uniformi adottate, che comprende addirittura tute da fatica monopezzo. Alle spalle un autocarro del reparto, probabilmente uno SPA38R. (Archivio Cucut).

▲ Ausiliarie dei reparti Nebbiogeni intente a rilevare i dati da una stazione meteorologica a Swinemünde (g.c. Archivio Viziano).

▼ Si legge il giornale italiano "Gladio" nel gennaio 1945 davanti agli alloggiamenti dei Nebbiogeni a Swinemünde (g.c. Archivio Viziano).

▲ Copertina del numero 3 - anno I del gennaio 1945 della rivista "Gladio", quella nelle mani dei Nebbiogeni intenti alla lettura (g.c. Archivio Associazione Divisione Alpina Monterosa).

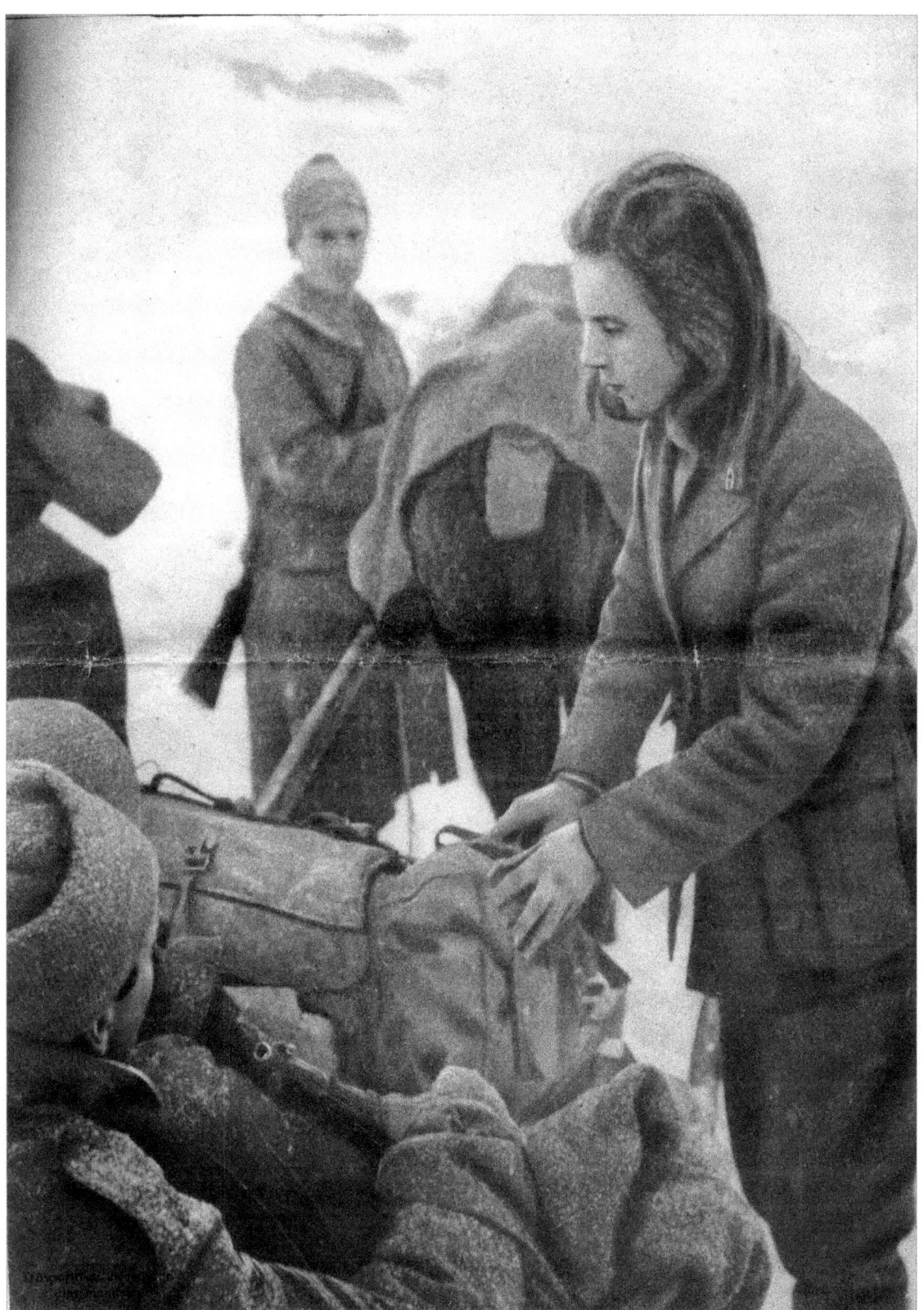

▲ Ultima di copertina del numero 3 - anno I del gennaio 1945 della rivista "Gladio" (g.c. Archivio Associazione Divisione Alpina Monterosa).

▲ Distribuzione del rancio a Swinemünde (g.c. Archivio Viziano).

▼ Ispezione del colonnello Fedi al III Battaglione Nebbiogeni a Swinemünde (g.c. Archivio Viziano).

tadini romagnoli. Volti di borghesia romana. Barbe male rasate da improbabili lamette. Volti di giovani puliti, volti di anziani induriti da anni di guerra.
Prima di ricevere l'ordine di missione su Stettino, non sapevo che battaglioni in armi dell'Esercito Repubblicano prestassero servizio sulle coste del Mare Baltico, del Mare del Nord ed in altre zone interne, a protezione dei porti e delle installazioni industriali più vitali, destinate alla produzione di quelle mitiche armi segrete di cui tanto parlano i giornali e che potrebbero, forse, evitare la sconfitta.
Ora che li ho lì, in carne ed ossa, dinnanzi ai miei occhi di inesperto ed imberbe marò, provo un senso si sorpresa. Più che soldati di un nuovo Stato rivoluzionario, sembrano giovani ed anziani pescatori e contadini trasformati in marziani, con i loro scarponi che lasciano indovinare - sotto le perfette combinazioni gommate protettive antiacidi - spesse calze di lana piene di buchi e mutande lunghe con l'elastico sotto il piede. Giovani ed anziani pescatori e contadini, nati da una terra avara, nutriti di olive e di fatica di vivere, dai gesti lenti e dai lunghi silenzi, in stalle odorose di fieno e di sterco di mucca, trasformati in guerrieri ad alta tecnologia, manovratori di ordigni capaci di frustare i bombardieri del Bomber Commando manovrando, in meno di 50 secondi, i micidiali rubinetti della cloridrina.
"Giuro di servire e difendere la Repubblica Sociale Italiana nelle sue istituzioni e nelle sue leggi, nel suo onore e nel suo territorio, in pace e in guerra, fino al sacrificio supremo. Lo giuro dinnanzi a Dio ed ai Caduti per l'Unità, l'Indipendenza e l'Avvenire della Patria".
Il grido "Lo giuro" che sgorga dal grumo grigioverde mi fa sussultare per la sua inaspettata potenza carnale. È un grido di viscere, di sangue, di memoria quello che esce dai petti di quei soldati.
Dopo la breve, scarna cerimonia, dopo un discorso del Capo Missione e del Comandante del Reparto le righe si sciolgono. Arriva il rancio fumante: patate , cavoli, birra, salsiccia, schnapps.
Sono tutti accalcati intorno al Capo della Missione ed alla sua scorta arrivati dalla strana Lancia Ardea scura a carbonella. Chiedono notizie dall'Italia: "È vero che la gente è stanca? Cosa si mangia? Il Governo paga gli stipendi e le pensioni alle famiglie? È vero che c'è gente che, vestita in borghese, spara alle spalle dei soldati? Il grano, quest'anno, chi lo falcia?". Queste le domande.
Fuori frontiera da anni, specialisti di una guerra chimica tutta freddezza, calcolo, audacia e intelligenza da condurre con fermo cuore e con perfetta preparazione, apprezzatissimi dall'OKW, si sente che, per la maggior parte, non vedono i loro cari da un tempo immemorabile e che hanno fame soprattutto d'Italia. Reumatismi e bronchiti croniche sono tradite da certi movimenti del corpo o da colpi di tosse un po' troppo cavernosi.
Ho voglia di raccontare loro le gesta della Folgore e del Nembo, degli aerosiluranti di Faggioni e di Marini, dei cacciatori di Visconti, dei bersaglieri del Mussolini e dei legionari della Tagliamento, del Barbarigo, del Lupo e degli altri reparti della Decima. Non ci riesco. Non sono capace di parlare dei nostri giovani volontari che combattono su una terra italiana, sotto cielo italiano, tra italiani e magari contro italiani, a questi soldati che tale terra e tale cielo non vedono da troppo tempo e per i quali l'Italia sta diventando, giorno per giorno, sempre più irraggiungibile ed evanescente. So che sto sbagliando, ma proprio non ci riesco.
Hanno rifiutato l'armistizio, penso fra me. Hanno scelto di continuare a combattere a migliaia

di chilometri per una Patria che li ignora. Svolgono un servizio di altissima tecnicità e di grande rischio. La nebbia che fuoriesce dai loro sofisticati apparecchi è un'arma micidiale di difesa contro le ondate dei bombardieri nemici che affannosamente cercano di distruggere gli obiettivi strategici da essi difesi. Sono contadini, pescatori, operai, impiegati di ogni parte d'Italia, capaci però di utilizzare tecnologie d'avanguardia e stanno lì, come rocce, e fare - da anni - il loro dovere. Per l'Onore d'Italia. Mah..., e penso, tra me, a quei tanti gallonati generali che in Italia se ne stanno nascosti nei conventi...

I giorni sono lunghissimi al Nord, durante il periodo del solstizio d'estate. Quando, finito il rancio ed il lungo rapporto agli ufficiali, il nostro colonnello risale sulla Lancia Ardea scura a carbonella, targata ER, è ormai sera tarda ma c'è ancora molta luce. Si parte, in silenzio. I 363 soldati di Stettino sono tutti ai loro posti. La RAF è infatti sempre molto attiva, specie al calar della notte. Nel viaggio di ritorno verso il Comando della Missione nella tormentata Postdamerplatz, cerco di sapere qualcosa di più dal sergente Zangarini, mio superiore, su quei soldati così atipici e così diversi dai prototipi che mi ero raffigurato.

"Domani dovrai battere a macchina un rapporto per la Segreteria del Maresciallo e così saprai tutto", è la risposta. Il giorno successivo, in effetti, nel copiare il rapporto apprendo che altri battaglioni similari sono schierati:

- *sul Mare del Nord, a <u>Wilhelmshaven</u> (29 ufficiali, 34 sottufficiali e 368 militari di truppa)[21];*
- *sul Mare Baltico, a <u>Swinemünde</u> (Isole di <u>Usedom - Wollin</u>) a difesa delle ultrasegrete basi delle nuove armi "V" (26 ufficiali, 23 sottufficiali e 340 marinai)[22], nonché a <u>Gotenhafen</u> (vicino Danzica) con 32 ufficiali, 30 sottufficiali e 338 marinai)[23];*
- *a <u>Heydebrekk</u> (con 32 ufficiali, 79 sottufficiali e 701 militari di truppa)[24];*
- *a <u>Zeit</u> (non lontano da Lipsia) a difesa di vitali impianti petrolchimici addetti alla produzione delle specialissime benzine sintetiche per i nuovi aerei da caccia (6 ufficiali, 17 sottufficiali e 228 militari)[25].*

Mentre, modestissimo piantone, sto copiando queste cifre non sono in grado certo di prevedere che il destino - sotto forma di ordini di missione - mi avrebbe concesso nei mesi a venire il raro privilegio e l'alto onore di potere incontrare quasi tutti gli sconosciuti eroi dei battaglioni nebbiogeni della RSI.

Non posso prevedere - mentre la fine pioggia di giugno bagna i crateri della Postdamerplatz - che dal 17 al 21 dicembre sarei stato inviato sull'isola di <u>Usedom - Wollin</u> sul Baltico, presso il I Battaglione di stanza a <u>Swinemünde</u> e che lo avrei lasciato sotto una coltre di neve proprio mentre si addensavano le nubi dell'offensiva dell'Armata Rossa, scatenatasi poi il 12 gennaio 1945 (il I Nebbiogeni avrebbe ammainato la sua bandiera solo il 3 maggio 1945 tra il rosseggiare degli incendi e lo scoppio delle esplosioni, dopo aver tenuto per mesi - di fronte alle straripanti orde bolsceviche - le sue posizioni ed avere contribuito al salvataggio di decine di migliaia di profughi).

---

21 Si tratta del III Battaglione Nebbiogeni.
22 Si tratta del I Battaglione Nebbiogeni.
23 Si tratta del II Battaglione Nebbiogeni.
24 Dovrebbe trattarsi, per esclusione, del IV Battaglione Nebbiogeni, anche se la località citata è un mistero. Heydebrek (oggi Kędzierzyn-Koźle) nella Polonia meridionale, era sede di tre sottocampi di lavoro forzati (E2, E153, E155) dello stalag VIII-B/344i cui prigionieri erano impiegati in impianti chimici. Nella (scarsa) documentazione reperita non risulta che nessuno dei Battaglioni Nebbiogeni fosse stato impiegato al di fuori del territorio tedesco.
25 Si tratta del V Battaglione Nebbiogeni.

Non so neppure che la notte della Befana del 1945 la avrei passata a <u>Wilhelmshaven</u>, sul mare del Nord. Né che – nella notte dal 16 al 17 gennaio 1945 – avrei potuto vedere in azione – in un oceano di fiamme – i nebbiogeni repubblicani dislocati a <u>Zeitz</u> mentre difendevano da un devastante attacco di bombardieri inglesi i vitali impianti per la produzione della benzina sintetica – così essenziale per i nuovi aerei da caccia – colà dislocati.
Apro gli occhi. Sono nella mia casa romana. È Natale e sono attorniato dai miei cari. Ho 66 anni ma il ricordo di quei giorni, del colonnello Carlo Fedi, del colonnello Trillini, dal maggiore Calafiore, del capitano Di Pietro, del capitano Altafini, dei maggiori Mandon e Minotti, del capitano Vetrilla, dei modesti, semplici eroi che il Destino mi ha fatto incontrare è talmente forte da indurmi a scrivere – così di getto e senza alcuna pretesa – questa semplice testimonianza in loro onore"[26].

Come anticipato nel passo precedente, a dicembre del 1944 il marò visitò il I Battaglione Nebbiogeni e, nel gennaio del 1945 compì altre due missioni presso i Nebbiogeni, la prima al II Battaglione, dalla quale riportò queste impressioni:
"*Il 6 gennaio ripartii per una missione dello stesso genere della precedente, presso il II Battaglione Nebbiogeni dislocato a difesa della base della Kriegsmarine di Wihelmshaven, sul Mare del Nord.*
Il battaglione cui ero diretto aveva, più o meno, la stessa forza (circa 700 uomini) e le stesse caratteristiche dell'unità visitata in dicembre. I giorni trascorsi a Wihelmshaven assomigliarono, quindi, molto a quelli del Baltico. Stessa routine quotidiana. Stessi contatti con il Comandante. Stesse conversazioni serali con i soldati. Stessi problemi. Stesse domande. Nessun allarme aereo.
Tuttavia, io avvertivo che l'atmosfera di quella base navale era totalmente diversa rispetto a quella di Swinemünde. A Wihelmshaven, si respirava un'aria, per così dire, "occidentale". Si sentiva l'incombere della possente Royal Navy inglese. Tutti parlavano – molto sobriamente, a dire il vero – della guerra sottomarina in Atlantico. Sembrava che gli U-Boot non avessero più futuro. Si sentiva, insomma, odore di salsedine e di vento oceanico. Sul Baltico, mare chiuso, era stato diverso. Non era l'Occidente a incombere ma l'immenso Oriente. Sebbene il vento spirasse, ovviamente, anche esso da Ovest, non dava, sul Baltico, la sensazione di essere un vero vento di mare. Sembrava provenire dall'immensità delle steppe asiatiche. Sul Baltico, non era agli inglesi che si pensava, ma ai bolscevichi e alle fortezze volanti americane, loro alleate[27]".

Pochi giorni dopo, a Zeit, il giovane fu testimone del massiccio attacco aereo alleato, compiuto contro le installazioni industriali della città tedesca:
"*Dopo una tappa a Grafenwoher, mi diressi a Zeitz, non lontano da Lipsia. Qui, era dislocata una compagnia (circa 200 uomini) di nebbiogeni italiani, posta a difesa degli essenziali impianti di produzione di benzina sintetica ivi situati.*
Arrivai nella tarda serata del 16 gennaio, proprio nel momento in cui stava cominciando lo storico attacco aereo contro gli impianti. Si trattava dell'attacco che avrebbe messo definitivamente in ginocchio la produzione tedesca di benzina sintetica. Da quella notte, la già provata

---
26 Da "ACTA" n° 21 (maggio/luglio 1993), Istituto Storico della RSI, opera citata in bibliografia.
27 Da "Dentro la Missione Militare in Germania della R.S.I. - Storia di un soldato dell'ultimo Mussolini" di Morera Renzo, opera citata in bibliografia.

aviazione germanica, si trovò a corto di carburante e sparì dai cieli.
L'attacco fu devastante. Un forte vento contrario spingeva i banchi di nebbia artificiale prodotti dai nostri soldati al di fuori dell'area da proteggere. Gli impianti bruciarono come torce. Ci furono momenti in cui ci trovammo avvolti da densi oceani di fiamme. Più volte, avemmo la sensazione che non saremmo mai più usciti vivi da quella fornace. Con l'elmetto in testa e munito di occhiali speciali fornitimi dal furiere della compagnia, guardavo, atterrito e come ipnotizzato, lo stupefacente spettacolo. Guardavo i nostri soldati. Calmi e disciplinati, continuavano a fare funzionare le loro micidiali ma ora inutili apparecchiature.
A Zeitz, non ci fu tempo per conversazioni. Brevi parole con il tenente. Scambio di informazioni. Tutti erano tesi e silenziosi. Nessuno dormì, quella notte. Consegnato il messaggio, ripartii immediatamente[28]".

Gianni Famigliano – giornalista della rivista delle Forze armate repubblicane "Gladio"
Il giornalista Gianni Famigliano nella primavera del 1945 (verosimilmente tra la fine di marzo e l'inizio di aprile) visitò il II Battaglione Nebbiogeno, stendendo un articolo, comparso sul numero di "Gladio" del 15 aprile 1945 e qui riprodotto integralmente, e scattando numerose fotografie, che sono a corredo del presente volume. Molto interessante la descrizione che viene fatta dell'azione di stesa della cortina nebbiogena in emergenza, durante un attacco aereo nemico, che viene minuziosamente spiegata nei minimi dettagli:
"Io ho avuto la particolare ventura di dividere con i reparti rimasti nelle piazzeforti isolate molte delle dure ore d'assedio, assistendo alla specialissima guerra, tutta freddezza, calcolo, audacia e intelligenza, che vi hanno condotto fermo cuore e perfetta preparazione.
Essi hanno avuto il delicatissimo compito di alimentare la vita e la resistenza delle piazzeforti situate sul litorale baltico. I rifornimenti a queste grandi basi isolate costituirono quanto di più difficile si possa immaginare. Ogni convoglio ha rappresentato un miracolo di ardimento di decisione, di tempestività della flotta germanica del nord, che ha sfidato mine, aerosiluranti, sottomarini bolscevichi annidati nel golfo di Finlandia e pronti a calare da sud, la flotta sovietica del Baltico orientale. E, sfrecciando con puntate temerarie e quasi sempre fortunate verso i porti assediati, vi ha portato i rifornimenti. I "Nebbiogeni" italiani hanno evitato, con la loro opera, che durante la permanenza delle navi nei porti questi diventassero per i convogli delle trappole esiziali.
Il giorno in cui giunsi a Gotenhafen, la vecchia Gdynia polacca, dopo 30 ore di navigazione lungo le tortuose scie delle rotte segrete, la battaglia contro l'esigua striscia del litorale ancora in mano tedesca aveva ripreso in tutta la sua violenza. Una notte fonda e piovosa, sferzata dal vento, mi accolse all'arrivo. Nessuno per le strade della città portuale: né un militare né un civile. Si trattava ormai di un territorio che non si poteva nemmeno definire di prima linea, ma addirittura di oltre frontiera. Il nemico, eccetto che dal mare, stringeva tutt'intorno da non oltre venti chilometri. Eppure all'indomani mattina mi era dato di vedere, come per incanto, la vita riprendere regolare e quasi serena sotto l'opaco cielo: i servizi cittadini svolgersi normali e i trenini partire ancora entro la piccolissima fascia costiera, tanto che due giorni dopo io stesso potevo raggiungere Danzica ove mi attendeva uno spettacolo che mai dimenticherò. Entro la <u>immensa rovina</u> *circostante ho trovato la città donde avvampò la guerra completamente intat-*

---
28 Da "Dentro la Missione Militare in Germania della R.S.I. - Storia di un soldato dell'ultimo Mussolini" di Morera Renzo, opera citata in bibliografia.

ta con le sue case miniate e traforate, con le sue strade agghindate come scenari.

Una leggenda vagava in quei giorni sulle sue torri ora crollate, una profezia, che i fatti di questi giorni hanno smentito, che avrebbe potuto essere la storia del mondo di domani.

Il mio incontro con i nebbiogeni avvenne nell'altra notte e tanto li toccò in quelle contingenze e in quelle ore che, attraverso la fittissima rete telefonica necessariamente collegante l'interminabile teoria dei vari nuclei, la notizia fu trasmessa subito a tutto il battaglione. Dislocati in centinaia di casette mirabilmente attrezzate (molte sono costituite da vagoni ferroviari di prima classe opportunamente adattati) e situate presso gli ordigni dai quali si sprigionano le nebbie, cli italiani erano disposti lungo la periferia, costituendo una cintura di difesa del tutto speciale: senza spalti e senza trincee. Data l'esiguità del territorio non c'era il tempo per dare l'allarme preventivo: era il rompo stesso degli aerei nemici che mobilitava la difesa. L'azione dei nebbiogeni doveva essere quindi fulminea, come l'ho vista svilupparsi in 50 secondi, senza che i nostri soldati avessero voluto nemmeno indossare le combinazioni gommate per salvarsi dagli acidi spruzzanti, senza che si siano nemmeno preoccupati di calzare i guanti per regolare i rubinetti della cloridrina. Poi, mentre il mantello bianco si stendeva a salvaguardare nel porto le navi dei rifornimenti, essi se ne stavano freddi e attenti presso i loro ordigni, senza curarsi della pioggia di bombe, a seguire gli improvvisi mutamenti del vento e le più lievi alterazioni di temperatura al fine di regolare questo vapore capriccioso, che altrimenti potrebbe, da un momento all'altro, tradire. Nello scorso febbraio i nebbiogeni italiani di Gotenhafen hanno avuto un altissimo elogio per un'azione la cui portata sarà possibile rendere noto soltanto alla fine della guerra.

Il loro comandante generale, il comandante di tutti i nebbiogeni italiani in Germania, ha voluti visitarli nell'ora decisiva per portare loro di persona il saluto e la voce della Patria. E fu commovente il gesto del comandante.

"È il momento della prova", disse loro "bisogna far figurare l'Italia". Null'altro. Ma si trattava di uomini capaci di comprendere senza grandi frasi certe consegne, come quando l'8 settembre del '43 nulla dissero in merito al loro comportamento futuro, ma il mattino seguente corsero, senza un attimo di esitazione, a quei loro ordigni che vomitavano nebbia. Così, nell'imminenza del pericolo, vuotate le ultime bombole, imbracciarono il mitragliatore disponendosi a fianco dei valorosi combattenti alleati, nelle postazioni che in gran parte essi stessi si erano costruite, alternando le ore di guardia presso congegni e le macchine con quelle di lavoro nei fossati delle trincee.

Davanti alle loro postazioni avevano visto nei giorni precedenti sfilare interminabili teorie di intere popolazioni avviate verso occidente. Colonne sempre uguali e esasperatamente rinnovantisi di genti tedesche e, quel che è più significativo, di genti polacche fuggenti davanti ai bolscevichi. E così una mattina, davanti alle loro posizioni, i nebbiogeni videro apparire anche altri uomini in grigioverde: i loro compagni della base di Pillau che, dopo aver completato il loro compito, dopo aver distrutto gli impianti, s'erano aperti, combattendo, il varco fra le truppe sovietiche sul mare gelato, avevano raggiunto Gotenhafen e proseguivano quindi verso occidente.

Ma un giorno l'ondata furiosa si è abbattuta anche su di loro, che l'hanno attesa all'estrema soglia della civiltà. Nella sua visita il generale aveva chiesto se qualcuno non ritenesse la propria salute incapace di affrontare la grande lotta. Egli avrebbe potuto, pur con enormi difficoltà, portare qualcuno fuori dalla cerchia, ove ancor si combatteva in un altro reparto, pure schierato sul fronte del Baltico, ma tutti rimasero. Ed io non dimenticherò mai, nella tenue oscurità della notte baltica, le mani di due ausiliarie (pur esse rimaste lassù con due loro fratelli che avevano voluto a tutti i costi raggiungere in una quadruplice solidarietà di cuore), non dimenticherò mai le mani di quelle due eroiche ragazze italiane che ci salutavano agitando i fazzoletti.

Ora altri reparti nebbiogeni sono ancora sul fronte orientale; anch'essi quando le bombole saranno esaurite, quando l'alito bruciante della battaglia si avvicinerà ai loro volti, abbandoneranno gli ordigni e imbracceranno le armi. Non mi hanno affidato, questi uomini, che ho lasciato sugli estremi spalti della civiltà d'occidente a dividere con i combattenti tedeschi l'altissimo compito della difesa del cuore di Europa, particolari messaggi. "Iddio protegga la Patria, Iddio aiuti i fratelli che combattono sui fronti d'Italia. Questo messaggio io porto a quanti sull'Alpi e sugli Appennini oggi si battano con lo stesso cuore di coloro che ho lasciato lassù sulle rive del Baltico"[29].

---
29 Da "Gli ultimi in Grigioverde" di Giorgio Pisanò, opera citata in bibliografia.

DOCUMENTI

```
            M E M O R I A

PER L'ADDESTRAMENTO DEI QUADRI E DELLE
UNITA' NEBBIOGENE ITALIANE IMPIEGATE NEL
L'AMBITO DELLA MARINA DA GUERRA GERMANICA
            -o-o-o-
```

▲ Frontespizio del manuale per i Nebbiogeni redatto dal maggiore Calafiore. Intitolato "Memoria per l'addestramento dei quadri e delle unità nebbiogene italiane impiegate nell'ambito della Marina da guerra germanica", si trattava di un testo classifica all'epoca come "Segreto", che sistematizzava l'impiego delle truppe nebbiogene in quel particolare teatro, secondo le dottrine anni degli '40, fornendo una guida operativa sull'organizzazione dell'annebbiamento di obiettivi militari, da distribuire ai Nebbiogeni ed ai militari della Kriegsmarine durante il corso di addestramento tenuto presso il Centro Addestramento Truppe Nebbiogene di Stettino (Archivio Acta).

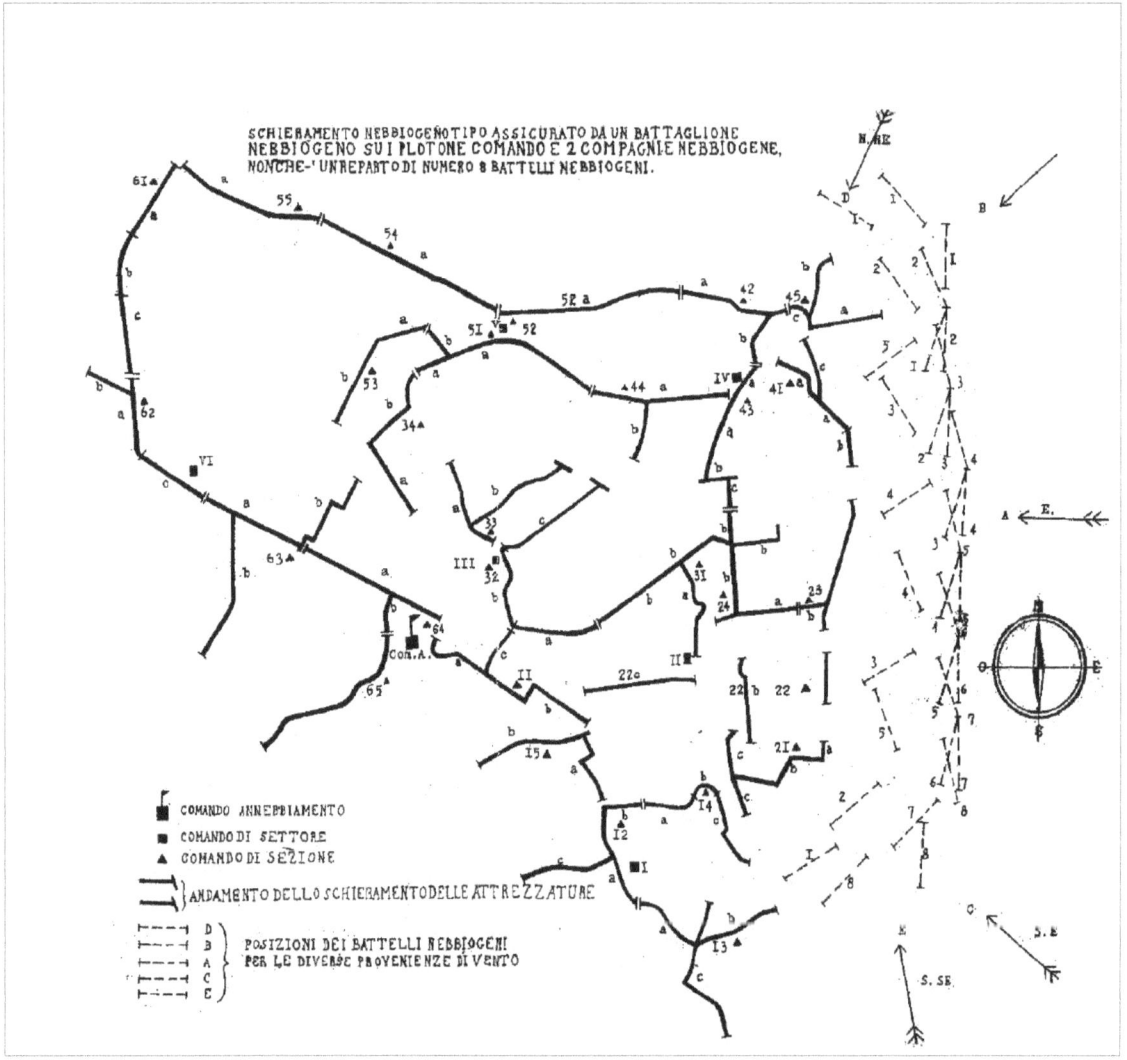

▲ Schema di schieramento di un Battaglione Nebbiogeno, con equipaggiamento italiano, da attuarsi in caso di attacco nemico, estratto dal manuale redatto dal maggiore Calafiore. Lo schieramento, evidentemente studiato sulla base dell'esperienza avuta nel Baltico, dato che prevede la presenza sia di nuclei operativi a terra che di nuclei operativi in mare. Infatti, oltre all'intero battaglione, articolato su Plotone Comando e 2 Compagnie Nebbiogene, è previsto l'impiego di 8 battelli nebbiogeni, che dovevano sostenere la difesa passiva, annebbiando dall'acqua. Lo studio si rivela essere estremamente minuzioso ed accurato: indica come debbano posizionarsi i singoli elementi dell'unità chimica, in base alle diverse possibili direzioni del vento (Archivio Acta).

▶ Interessante documento della Missione Militare Italiana in Germania, inerente al II Battaglione Nebbiogeno. Si tratta della scheda personale di un caporalmaggiore della 32ª Compagnia del II Battaglione Nebbiogeno, utile al pagamento delle indennità di guerra. Dalla scheda si evince che il militare, richiamato in servizio nel 1942, era stato destinato al II Battaglione Nebbiogeno nell'agosto del 1942 e, a seguito dell'Armistizio, aveva deciso di continuare a combattere a fianco dei tedeschi, aderendo poi alla Repubblica Sociale Italiana, sempre presso il II Nebbiogeni, di stanza a Gotenhafen, prestando giuramento davanti al comandante del Battaglione, maggiore Giuseppe Calafiore, il 10 febbraio 1944 (collezione privata).

MISSIONE MILITARE ITALIANA IN GERMANIA

II. BATTAGLIONE NEBBIOGENO

Scheda personale per il pagamento dell' indennita' di guerra o dell' assistenza alla famiglia ai sensi del Decreto 1/11/43 XXII del Capo dello Stato.

Cap.le. Magg.

(1) Ciancagli   (2) Ottavio   (3) fu Antonio

nato a (4) Foiano della Chiana provincia di Arezzo   (5) 24/3/20

(6) Cap.le. Magg.   (7) Richiamato   il (8) _____

Ha prestato effettivo servizio col suddetto grado dal (9) 15/8/42 alla 32 Comp. Nebb. II Btg.

Il 9/9/43 e' rimasto in continuazione di servizio con la (10) 32 Comp. Nebb. del II Btg. Nebb. dislocata per l'annebbiamento del porto di (11) G O T E N H A F E N (Germania), quale (12) _____

Detto corpo aveva per centro di mobilitazione il (13) Rgt. E. Roma

Il sottoscritto e' stato soddisfatto degli assegni previsti dal precedente trattamento economico fino a tutto il (14) 31 Ottobre 1943 dall'amm. ne del II Btg. Nebb. Alla data del 1 febbraio 1944 XXII egli prestava servizio presso il (16) II Btg. Nebb.   quale (12) _____

Si e' arruolato nelle FF. AA. della Repubblica Sociale Italiana il (17) 9 Settembre 1943 ed ha prestato giuramento il (5) 10 Febbraio 1944 alla presenza del (18) Com.te di Btg.

E' insignito delle seguenti decorazioni al valor militare (19) di cui mantiene il godimento della pensione e soprassoldo annessovi (20) _____

---

(1) Cognome — (2) Nome — (3) Paternita' — (4) Comune — (5) Giorno, mese, anno — (6) Grado militare rivestito nelle FF. AA. regie l'8/9-1943 XXI — (7) Categoria: S. P. E. riserva, complemento, ecc. — (8) Anzianita' di grado — (9) Indicare i singoli periodi di servizio ed il corpo presso il quale si sono prestati (per i soli militari delle categorie in congedo aventi grado inferiore a quello di Ten. Colonnello) — (10) Compagnia nebbiogena cui era effettivo — (11) Base navale d'impiego — (12) Carica ricoperta — (13) Deposito o Distretto Militare od altro ente territoriale che aveva la matricola degli effettivi del corpo mobilitato — (14) data — (15) Corpo che ha pagato gli assegni — (16) Corpo — (17) Data apposta sulla scheda di adesione da ciascuno sottoscritta a suo tempo — (18) Carica di chi ha presieduto alla funzione del giuramento e che ha firmato il relativo atto (per i soli Ufficiali e Sottufficiali) — (19) Compreso l'Ordine Militare di Savoia — (20) Nell'ordine cronologico, con la specificazione del fatto d'armi e la data di esso risultante al termine della motivazione.

▲ Documento del Centro Addestramento Nebbiogeni sulla presa in servizio di un militare italiano nell'agosto 1944 (https://miles.forumcommunity.net/?t=62412956&st=15).

▶ Estratto dalla "Relazione sull'attività di Gennaio e Febbraio 1945" della Missione Militare Italiana in Germania, che riepiloga la forza e la dislocazione dei reparti dei Battaglioni Nebbiogeni del Baltico all'inizio dell'anno 1945. I Battaglioni sono descritti con parole entusiastiche all'interno della Relazione:
"*REPARTI NEBBIOGENI: specialità del Genio Sezione Chimica di abile, audace e molto richiesto ausilio prima alla Marina Tedesca e poi a tutte le grandi basi*".

▶ Interessante busta di Feldpost, inviata in Italia alla famiglia da un sergente del II Battaglione Nebbiogeno il 27 febbraio 1944. Il mittente ha indicato il Feldpostnummer 39626, che fu in vigore per il II Battaglione fino agli inizi di marzo del 1944. I dati inerenti alla famiglia ed il militare, presenti sulla missiva, sono stati volutamente oscurati (collezione privata).

d) Reparti Nebbiogeni

Reparti	Dislocazione	Forza effettiva			
		Uff.	Sott.	Trup.	Totale
Com.truppe nebbiogene e Nucleo Coll. con l'OKM	Wilhelmshafen	5	3	9	17
Campo addestramento - Cp. Com. e 51^ cp.	"	48	38	171	257
I^ BTG (pl.com. - 34^Cp. e 35^Cp.).	Swinemünde	19	29	418	466
II^BTG (pl.com. - 29^Cp. 32^Cp. - 33^Cp. - 41^ Cp.)	Gotenhafen	30	67	629	726
III^ BTG (pl.com. - 38^ Cp. 39^ Cp.).	Wilhelmshafen	22	39	477	538
IV^ BTG (pl.com. - 28^ Cp.)	Fedderwardergroden	10	26	225	261
40^ Cp.	Swinemünde	5	23	204	232
37^ Cp. autonoma	Emden	8	16	217	241
52^ Cp. autonoma	Fedderwardergroden	5	20	177	202
	TOTALE	154	261	2.527	2.942

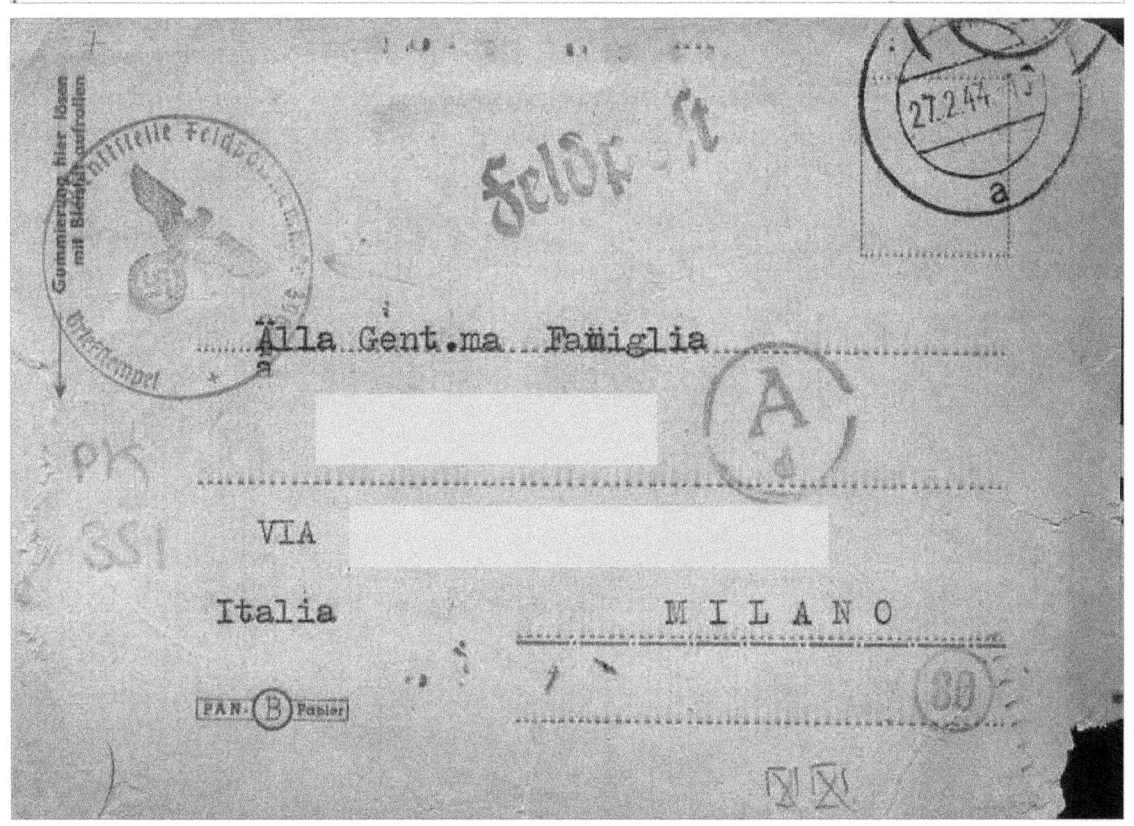

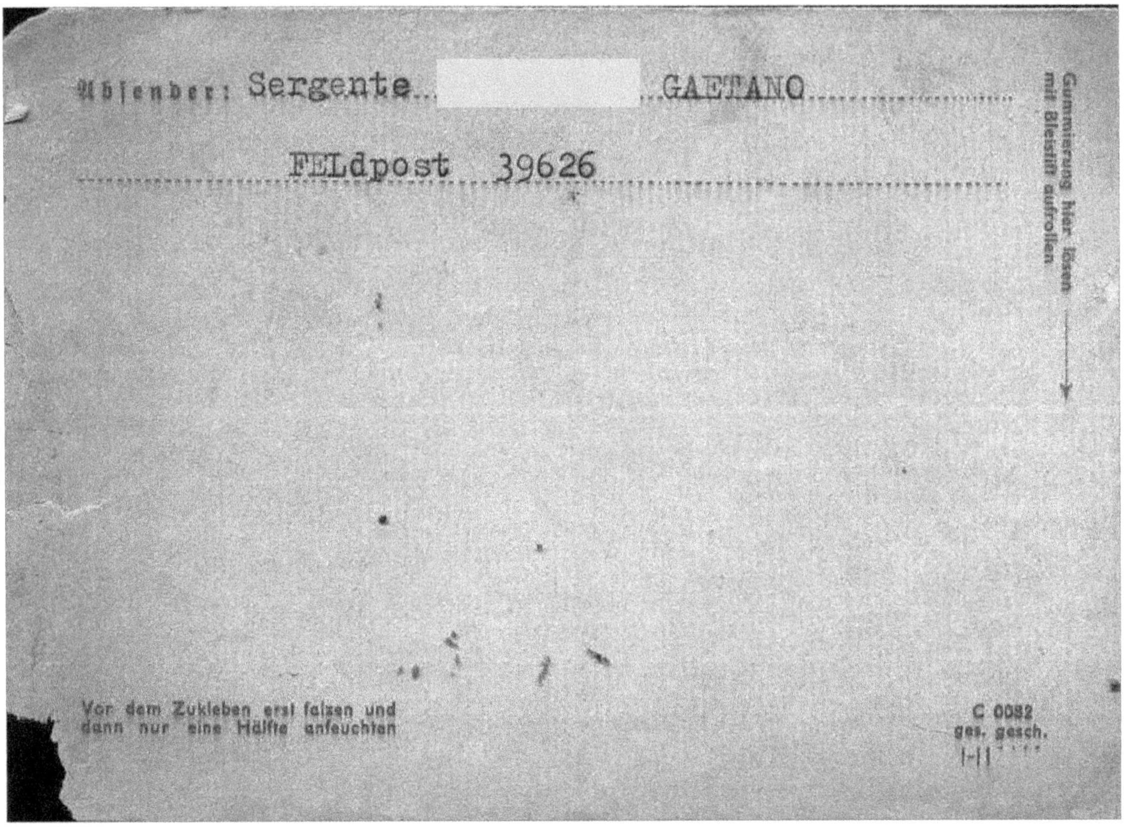

▲ Retro della stessa busta della pagina precedente.

▶▼ Documento di fonte inglese che descrive il funzionamento di una apparecchiatura nebbiogena utilizzata in Germania (https://miles.forumcommunity.net/?t=62412956&st=15).

It is believed that the Germans are using generators consisting of a metal drum of chlorsulphonic acid, which has a capacity of 150 liters (40 gallons), and which is connected to a compressed air cylinder. In the accompanying photographs one of these drums with and one without the compressed air

The smoke generator and compressed air cylinder. The latter contains a gas which forces the smoke chemical in the drum through the spray nozzle.

cylinder are shown. The acid is expelled through a nozzle at a rate which can be varied as required from 1/2 liter to 2 liters per minute. Each generator is turned on manually, and one or more spare drums of acid are normally kept on

The smoke generator, which has a capacity of 150 liters (40 gallons) of chlorsulphonic acid, showing method of manual control.

hand for quick replacement. Effective densities can be accomplished in about 20 minutes, and an attempt is made to commence operation 30 to 40 minutes prior to attack. With his complete radar coverage of Northern Italy, the enemy's smoke screen operators should have ample time to set the generators into operation at least 1/2 hour prior to the arrival of our medium bomber formations in the target area.

▲ Il I Battaglione Nebbiogeno ebbe un proprio periodico quindicinale a stampa, chiamato "Il Saraceno", sul quale apparivano articoli inerenti alla vita civile nella Patria lontana, accadimenti militari riguardanti le Forze armate della Repubblica Sociale italiana, ma anche articoli di taglio sociale e riflessioni politiche degli ufficiali dei Nebbiogeni. In questa immagine la prima pagina del numero 2 del 1° marzo 1945 (Archivio Pisanò).

LA DOMENICA DEL CORRIERE

Anno 47 — N. 15 15 Aprile 1945-XXIII L. 2,— la copia

Soldati dell'Esercito repubblicano sul fronte del Baltico: durante una violenta azione in una piazzaforte della Prussia orientale, un reparto nebbiogeni del Battaglione "Mussolini", dopo aver assolto il compito della propria specialità, partecipa con le armi in pugno ai furiosi combattimenti che infliggono gravi perdite alle formazioni bolsceviche. *(Disegno di B. Albertarelli)*

◄ (Pag. prec.) I Battaglioni Nebbiogeni si dimostrarono combattivi sino all'ultimo giorno di guerra, tanto da suscitare più volte l'interesse della stampa della R.S.I., sia quella prettamente militare, come la rivista per le Forze Armate "Gladio", sia quella civile, fino agli ultimi giorni di guerra. Infatti, l'illustrazione della copertina di questo numero de "La Domenica del Corriere" del 15 aprile 1945, realizzata dall'illustratore Albertarelli e pubblicata a soli 10 giorni dal crollo definitivo in Italia, mostra alcuni elementi di un Battaglione Nebbiogeno in azione durante un attacco nemico. La didascalia recita: *"Soldati dell'Esercito repubblicano sul fronte Baltico: durante una violenta azione in una piazzaforte della Prussia orientale, un reparto nebbiogeni del Battaglione "Mussolini", dopo aver assolto il compito della propria specialità, partecipa con le armi in pugno ai furiosi combattimenti che infliggono gravi perdite alle formazioni bolsceviche"*. Il tono enfatico del testo è tipico del periodo; non è chiaro, inoltre perché il reparto sia stato indicato come Battaglione "Mussolini", dato che non risulta dalla documentazione reperita che alcun reparto utilizzasse tale appellativo (collezione privata).

▼ Il testo dell'Ordine del Giorno straordinario numero 3 del 24 aprile 1945, che il capitano Raffaele di Pietro, comandante del I Battaglione Nebbiogeno, inviò ai propri uomini, che faceva seguito all'elogio del colonnello Fedi, riportato nell'Ordine del Giorno numero 49 del 19 aprile 1945. Questo Ordine del Giorno straordinario del capitano Di Pietro apparve anche sulla rivista "Il Saraceno" (Archivio Acta).

> Tale elogio, aggiunto al precedente ed alle due citazioni sull'ordine del giorno del Comando Germanico della Piazzaforte di Swinemünde, rappresenta un privilegio veramente unico del nostro Battaglione tra tutti i reparti nebbiogeni dell'Italia Repubblicana.
>
> La nostra attività, modesta ma preziosa, silenziosa ma non misconosciuta, viene così ancora una volta premiata con il migliore dei premi: il compiacimento dei nostri Comandi che giunge al cuore ed all'animo d'ogni buon soldato come voce della Patria, generosa e riconoscente per chi, ovunque e comunque, sappia dare tutto per essa.
>
> All'encomio del Comando Truppe Nebbiogene aggiungo il mio compiacimento per tutti i miei uomini in genere ed in particolare per i Comandanti di Compagnia ed i Capi Postazione che, fra tutti, costituiscono l'ossatura principale del reparto per il complesso dell'attività da essi richiesta e da essi svolta con intelligenza, volonterosità e disciplina.
>
> Il I. Battaglione mantiene oggi il suo posto di combattimento con lo stesso spirito, con la stessa disciplina, con la stessa prestanza di ieri e di sempre; per me, personalmente, è particolare privilegio e fonte d'alte soddisfazioni esserne il Comandante.
>
> Miei soldati: voi avete compiuto onestamente e disciplinatamente il vostro dovere di fronte alla Patria, alla famiglia, ed alla nostra coscienza. Comunque volgano le sorti della guerra voi tornerete in Patria con la fronte alta, con lo spirito sereno degli uomini onesti e con il nome d'Italia profondamente racchiuso nel vostro cuore.
>
> Con uomini come voi l'Italia non potrà non essere libera, grande, imperiale come il Destino l'aveva designata e come essa è realmente stata fino alle fatidiche, infami date del 25 Luglio ed 8 Settembre 1943.-
>
> Viva l'Italia!
>
> IL CAPITANO
> COMANDANTE DEL BATTAGLIONE
> (Di Pietro Raffaele)

BIBLIOGRAFIA

LIBRI

- AA.VV., "Repubblica Sociale Italiana - Storia", Centro Editoriale Nazionale, Roma, 1959.
- AA.VV., "Soldati e Battaglie della Seconda Guerra Mondiale", Hobby & Work Italiana Editrice, Bresso (MI), 1999.
- Arena Nino, "Italia in guerra 1040/45", Ermanno Albertelli Editore, Parma, 1997.
- Arena Nino, "R.S.I. – Forze Armate della Repubblica Sociale – La guerra in Italia – 1943 – 1944 – 1945", Ermanno Albertelli Editore, Parma, 2002.
- Bobbio Roberto, Cucut Carlo, "Attilio Viziano – Ricordi di un corrispondente di guerra", Marvia Edizioni, Voghera (PV), 2008.
- Cucut Carlo, "Le Forze Armate della R.S.I. – Forze di terra", GMT, Trento, 2005.
- Greve Friedrich August, "Die Luftverteidigung im Abschnitt Wilhelmshaven 1939-1945", Hermann Lüers, Jever (Germania), 1999.
- Jowett Philip, "The Italian Army 1940 – 45 (3)", serie "Men-at-Arms", Osprey Military, UK, 2001.
- Kuchler Heinz, "Fregi, mostrine, distintivi della R.S.I.", Intergest, Milano, 1976.
- Marzetti Paolo, " Uniformi e distintivi italiani 1933 – 1945", Ermanno Albertelli Editore, Parma 1995.
- Montagnani Marco, Zarcone Antonino, Cappellano Filippo, "Il Servizio Chimico militare 1923 – 1945 – Storia, ordinamento, equipaggiamenti", Ufficio Storico dello Stato Maggiore dell'Esercito, Roma, 2011.
- Morera Renzo, "Dentro la Missione Militare in Germania della R.S.I. - Storia di un soldato dell'ultimo Mussolini", S.I.P., Roma, 2010.
- Pisanò Giorgio, "Storia della Guerra Civile in Italia", Edizioni F.P.E., Milano, 1967.
- Pisanò Giorgio, "Gli ultimi in grigioverde", Edizioni F.P.E., Milano, 1994.
- Rocco Giuseppe, "Con l'Onore per l'Onore – L'organizzazione militare della R.S.I." Greco & Greco, Milano, 1998.
- Rosignoli Guido, "RSI – Uniformi, distintivi, equipaggiamenti ed armi 1943 – 1945", Ermanno Albertelli Editore, Parma, 1998.
- Sparacino Fausto, "Distintivi e medaglie della R.S.I.", E.M.I. – serie "Militaria", Milano, 1988.
- Sparacino Fausto, "Distintivi e medaglie della R.S.I., della Legione SS Italiana e dei Veterani della R.S.I", E.M.I. – serie "Militaria", Milano, 1994.

ARTICOLI

- "A fronte alta anche sul Baltico per la Patria e l'idea socializzatrice" in ACTA n°11 (marzo – maggio 1990), Istituto Storico ella RSI.
- "Battaglioni Nebbiogeni della R.S.I. fino al 3 maggio 1945 in Nord Europa" in ACTA n° 21 (maggio/luglio 1993), Istituto Storico della RSI.
- "La Missione Militare in Germania del Ministero delle Forze Armate della R.S.I." in ACTA n°25 (settembre-novembre 1994), Istituto Storico ella RSI.
- "A Stettino il III Battaglione Nebbiogeno della RSI istruì la Kriegsmarine" in ACTA n° 55 (settembre/novembre 2004), Istituto Storico della RSI.
- "Combattente per la libertà, propria" in ACTA n° 72 (maggio/luglio 2010), Istituto Storico della RSI.
- Crippa Paolo, "Italian "Nebbiogeni" Battalions on the Baltic Sea" in "The Axis Forces" n° 12, dicembre 2019.
- Cucut Carlo, "I REPARTI NEBBIOGENI ITALIANI IN GERMANIA, 1942-1945" in "Storia Militare" n° 353, febbraio 2023
- Cucut Carlo, "I Reparti nebbiogeni italiani in Germania. Storia dei militari italiani del Genio sul Baltico" in SGM Seconda Guerra Mondiale n° 2, ottobre 2008

Altre pubblicazioni

- Conti Arturo, "Albo dei Caduti e dei Dispersi della Repubblica Sociale Italiana", Fondazione della R.S.I. – Istituto Storico, Terranuova Bracciolini (AR), 2019.
- "Elenco "Livio Valentini" - Caduti Repubblica Sociale Italiana", 2020.

Documenti diversi

- Lettera del capitano Raffaele Di Pietro a Pieramedeo Baldrati del 12 settembre 1967 (copia fotostatica in possesso dell'autore).
- Documenti della serie T-1022 della N.A.R.A.- National Archives and Records Administration.

TITOLI GIÀ PUBBLICATI - TITLES ALREADY PUBLISHING

www.ingramcontent.com/pod-product-compliance
Lightning Source LLC
LaVergne TN
LVHW072119060526
838201LV00068B/4919